사업을 하십니까?
회계부터 챙기세요

사업을
하십니까?
회계부터
챙기세요

KICPA 한국공인회계사회

사업 성공을 도와주는 회계 지식

경제가 예전만 못하고 인건비 부담이 가중되다 보니 우리 경제의 한 축인 자영업이 어렵다는 이야기가 들려옵니다. 다니던 회사에서 정년퇴직했거나 학교를 졸업했지만 취업난으로 직장을 구하지 못했거나 이런저런 사유로 퇴사한 사람들이 오로지 생계를 위해 창업 현장에 뛰어든 경우가 많습니다. 콘텐츠만 있으면 누구든지 1인 창업도 할 수 있으니 그야말로 창업전성시대입니다.

그러나 충분히 준비되지 않은 창업, 철저한 학습과 훈련을 거치지 않으면 망할 가능성이 많습니다.

그렇다면 무엇을 준비해야 할까요? 돈? 해당 분야 전문 지식? 원대한 사업계획? 치밀한 시장 분석? 여러 가지가 필요하겠죠. 모두 중요한 것들입니다. 하지만 가장 중요한 것 중의 하나가 회계에 대한 지식입니다.

기업 경영은 수많은 의사결정의 연속입니다. 의사결정은 회계에 대한 바른 이해를 바탕으로 직관이 아닌 객관적인 회계 데이터를 기반으로 해야 합니다. 회계는 기업이 얼마나 이익을 내고(경영성과), 얼마나 건전한 상태에 있는지(재무상태), 또 돈이 얼마나 들어오고 나가서 흐름이 원활한지에 대한 객관적이고 정확한 정보를 제공해줍니다. 한 가지 성공 사례를 들어보겠습니다. 여러분이 잘 아는 세계적인 브랜드 도자기 회사인 '웨지우드Wedgwood'의 창립자 조사이어 웨지우드Josiah Wedgwood는 회계 정보를 이용해 생산 원가를 계산하는 원가 회계를 고안했습니다. 그리고 그는 회계 정보에 기초한 의사결정으로 도공에서 굴지의 도자기 회사 사장이 될 수 있었습니다.

대기업과 중소기업 종사자 그리고 공무원과 프리랜서 등을 제외하면 나머지 국민들은 자영업자입니다. 고용과 소득이 불안정한 자영업자들이 잘되고 성공해야 우리나라 경제의 뿌리가 안정되며 성장할 수 있습니다. 자영업자들의 얼굴에 웃음이 피어나고, 어깨가 펴지고, 통장에 잔고가 쌓여야 한국 경제의 기초가 튼튼해지고, 체질이 건강해질 수 있습니다.

이 책은 이런 생각으로부터 출발했습니다. 회계에 대한 지식이 부족한 자영업자들을 위해 한국공인회계사회가 기획하고, 주요 회계법인의 연구 인력들이 머리를 맞대고 자영업자들과 창업을 생각하고 계신 분들이 읽고 적용할 수 있는 '쉽지만 알찬 회계 입문서'를 만들고자 노력했습니다.

이 책은 총 5장으로 구성되어 있습니다. 1장 '회계 역사로부터 본 복식부기'는 국내외 회계 역사를 짚어보면서 회계의 중요성을 일깨우는 한편, 회계의 기본 원리 및 필요성에 대해 살펴보고 있습니다. 2장 '알쏭달쏭한 회계 이슈를 풀어보자'는 회계 계정 과목별 주요 이슈를 다루고 있습니다. 자산으로 처리되는 지출인 자본적 지출과 비용으로 처리되는 수익적 지출에 대해서도 알기 쉽게 설명하고 있습니다. 3장 '세금, 얼마나 어떻게 내야 하나?'에서는 자영업자들과 창업자가 알아야 할 세무 상식 및 절세 포인트를 다루고 있습니다. 그리고 4장 '경영 의사결정에 필요한 원가에 대해 알아보자'는 원가 계산 방법과 원가 정보를 이용한 의사결정에 대해 살펴보고 있습니다. 예를 들어 변동비와 고정비의 개념 등에 대해서도 알기 쉽게 설명하고 있습니다. 마지막으로 5장 '회계 숫자를 통한 경영분석'에서는 기업의 경영상태를 알려주는 신호등 기능을 하는 재무비율분석 방법을 담고 있습니다. 그리고 부록에서는 자영업자 및 창업자들을 위한 정부지원제도를 소개하고 있습니다.

한국공인회계사회는 회계 전문가의 지식을 집단 자산화하여 사회에 공헌할 수 있는 다양한 사업을 진행하고 있습니다. 산업 전문가이자 경제 전문가로서 산업과 경제에 관한 전망을 작성하여 발간하는 《CPA BSI》를 비롯해, 서양보다 200년 앞서 복식부기를 사용한 우리 조상의 위대한 회계 역사를 소개한 『세계가 놀란 개성회계의 비밀 - 개성상인이 발명한 세계 최초 복식부기 이야기』(2018년 11월)와 남북경제협력 시대를 준비하기 위해 '회계' 부문에서의 협력이 선행되어야 한다는 취지를 담은 『남북경제협력 - 회계 통일이 우선이다』(2019년 5월)를 출간한 바 있습니다.

이 책의 기획과 발간에 힘써주신 분들께 감사 인사를 전합니다. 먼저 추천
사와 에필로그를 흔쾌히 써주신 중소벤처기업부 박영선 장관님, 자유한국당
이진복 의원님, 금융위원회 은성수 위원장님께 감사를 드립니다. 그리고 집
필진과 자문위원단 여러분께 감사드립니다. 책의 출판을 위해 노력해주신
한울엠플러스㈜ 김종수 사장과 윤순현 차장, 임정수 과장, 배소영 팀장에게
도 감사의 말씀을 드립니다. 마지막으로 이 책의 출간을 위해 혼신의 노력을
기울여준 한국공인회계사회 이정헌 본부장, 박성원 박사, 이승환 선임에게
도 고마움의 인사를 전합니다.

회계·세무 전문가이며 산업 전문가, 경제 전문가인 공인회계사들은 언제
나 자영업자와 창업자들 가까이에 있습니다. 여러분의 성공과 행복을 응원
합니다.

2019년 11월
한국공인회계사회 회장 최중경

회계를 친근감 있게 서술한
회계 입문서 발간을 축하합니다

중소벤처기업부는 '작은 것을 연결하는 강한 힘'이라는 슬로건하에 우리 국민과 가까운 곳에서 사업을 영위하는 연간 100만 명을 넘는 신규 창업자와 600여만 명을 바라보는 자영업자의 사업 성공을 위해 교육, 투자, 컨설팅 등 다양한 지원을 하고 있습니다.

사업을 하고 있거나 사업을 시작하는 사람들에게 꼭 필요하지만 그분들이 가장 어려워하는 것이 회계입니다. 이 책은 사업을 막 시작한, 또는 계획하고 있는 자영업자, 창업자를 위해 회계의 중요성과 현실에서 부딪치는 회계·세무 관련 주요 사항에 대해 알기 쉽게 쓰인 회계 입문서입니다. 복식부기 원리, 회계 하다 보면 부딪치는 알쏭달쏭한 회계 이슈, 꼭 알아야 할 세무 상식, 경영 의사결정을 할 때 필요한 원가 상식, 회계 숫자를 통한 경영분석 총 다섯 가지 주제로 구성되어 있습니다.

저희와 한국공인회계사회는 2018년부터 '창업기업지원서비스 바우처 사업'을 통해 창업하시는 분들이 궁금해하거나 애로를 갖고 있는 회계와 세무 사항에 대해 전문가적인 지원을 하고 있습니다.

이러한 한국공인회계사회의 창업기업에 대한 적극적인 지원 마인드를 토대로 공인회계사들이 보유하고 있는 전문적인 집단자산을 사회공헌 차원에서 체계적으로 제공하려는 계획하에 이 책이 기획된 것으로 알고 있습니다.

아무쪼록 이 책자가 자영업자 및 창업자의 사업 운영에 큰 도움이 되었으면 하는 바람입니다.

2019년 11월

중소벤처기업부 장관 박영선

회계는 자영업 혁신과 성장의 밑거름

우리 경제의 지속가능한 성장을 위해 새로운 동력이 필요한 때입니다. 전체 고용 중 25%를 차지하는 자영업자의 성공은 한국 경제의 성장 동력이 될 수 있습니다. 자영업자의 성공을 위해서는 혁신과 성장이 함께 이루어져야 합니다. 금융위원회는 기업의 창업과 성장에 자금이 적기 공급되고, 투자자금이 원활하게 회수, 재투자되는 혁신성장 금융생태계 조성을 추진하고 있습니다. 자영업자에게 더 많은 기회를 제공하고, 함께 성장할 수 있도록 금융 측면에서 적극 지원하겠습니다.

자영업의 혁신과 성장을 위해 사장님들께 말씀드리고 싶은 것이 있습니다. '회계부터 챙기시라'는 것입니다. 회계는 경영자가 적시에 올바른 경영 의사결정을 내릴 수 있게 도와줍니다. 객관적이고 정확한 회계 수치는 의사결정의 기초가 됩니다. 좋은 사업 아이템도 중요합니다. 그러나 사업성이 있는지 판단하려면 회계를 알아야 합니다.

『사업을 하십니까? - 회계부터 챙기세요』는 회계를 처음 접하는 독자들이 이해하기 쉽게 서술되어 있습니다. 회계·세무 전문가 단체인 한국공인회계사회에서 기획하고, 공인회계사가 중심이 되어 집필했다는 점에서 믿음이 갑니다. 이 한 권의 책에 사장님들에게 필요한 회계·세무의 모든 이슈를 망라하고 있습니다. 또, 창업을 준비하는 분들에게 꼭 필요한 정보인 창업 관련 정부지원제도도 소개하고 있습니다.

『세계가 놀란 개성회계의 비밀 - 개성상인이 발명한 세계 최초 복식부기 이야기』, 『남북경제협력 - 회계 통일이 우선이다』에 이은 세 번째 사회공헌 도서인 『사업을 하십니까? - 회계부터 챙기세요』의 발간을 축하합니다. 적극적인 사회공헌 활동을 펼치는 한국공인회계사회 최중경 회장님께 경의를 표합니다.

이 책이 자영업 혁신과 성장의 밑거름이 되었으면 하는 바람에서 일독을 권합니다.

2019년 11월

금융위원회 위원장 은성수

차례

사업을
하십니까?
회계부터
챙기세요

1장

회계 역사로부터 본
복식부기

이정헌 한국공인회계사회 기획·조사본부장, 공인회계사, 경영학 박사
박성원 한국공인회계사회 기획·조사본부 연구원, 경영학 박사

회계 역사로부터 본 복식부기

이정헌(한국공인회계사회 기획·조사본부장, 공인회계사, 경영학 박사)
박성원(한국공인회계사회 기획·조사본부 연구원, 경영학 박사)

○—●—○

1. 회계는 왜 중요한가?

1) 회계는 기업의 언어다

사람과 사람 사이에 소통이 가능한 것은 언어가 있기 때문이다. 한국인은
한국어로 대화를 하고, 독일인은 독일어로 말을 하며, 프랑스인은 프랑스어
로 이야기를 나눈다. 우리가 영어를 세계 공통어라고 말하는 이유는 전 세계
에 걸쳐 영어를 사용하는 지역이 가장 많고 영향력이 크기 때문이다. 같은
의미에서 학문이나 예술 또는 기계의 영역에서도 의사소통을 가능하게 해주
는 언어가 있다. 음악에는 음악의 언어가 있고, 미술에는 미술의 언어가 있
으며, 컴퓨터에는 컴퓨터의 언어가 있다. 이를 통해 수많은 전문적 영역이

서로 소통하고 교류한다.

  그렇다면 자본주의의 꽃이라고 하는 기업에서 사용하는 언어는 무엇일까? 이 세상에 존재하는 크고 작은 기업들은 무슨 언어를 사용해서 서로 소통하고 교류할까? 정답은 바로 회계다. 회계라는 언어를 통해 기업들은 자신

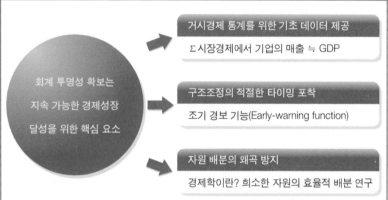

회계 투명성 확보는
지속 가능한 경제성장
달성을 위한 핵심 요소

거시경제 통계를 위한 기초 데이터 제공
Σ 시장경제에서 기업의 매출 ≒ GDP

구조조정의 적절한 타이밍 포착
조기 경보 기능(Early-warning function)

자원 배분의 왜곡 방지
경제학이란? 희소한 자원의 효율적 배분 연구

출처: 조선비즈 '2019 회계감사 컨퍼런스' 강연자료(2019. 4.) 최중경 한국공인회계사회 회장

회계가 왜 중요한지는 세 가지 측면으로 이야기할 수 있다.

첫째, 시장경제에서 기업의 매출을 다 더하면 국민총생산이 된다. 따라서 회계는 거시 통계데이터를 위한 기초데이터를 제공함으로써 거시경제 전체와 연계되어 있다.

둘째, 회계는 구조조정의 적절한 타이밍을 포착하게 해준다. 어느 기업의 매출액과 손익추이를 들여다보고 있으면 회사가 어떤 방향으로 가고 있는지 알 수 있다. 즉, 회사가 좋아지고 있는지, 나빠지고 있는지를 알 수 있고 또 이상 상황을 감지할 수 있다.

셋째, 회계학은 경제학의 한 부분으로부터 출발했다. 경제학이 무엇일까? 희소한 자원을 효율적으로 배분하는 학문이다. 거꾸로 이야기하면 회계정보는 자원 배분의 기초 판단자료이며, 자원 배분이 잘못되면 경제가 잘못된다는 이야기다.

을 드러내고 설명하며 소통하고 교류한다. 그래서 회계가 중요하다. 회계가 없다면 혹은 회계를 모른다면 기업은 자신이 아픈지 건강한지, 잘 자라고 있는지 문제가 있는지를 말할 수 없다. 언어를 사용할 줄 모르는 기업은 존재할 수가 없다.

기업 경영은 수많은 의사결정의 연속이다. 사업을 확장할지 말지, 새로운 설비를 들여놓을지 말지, 직원을 더 뽑을지 말지를 결정하는 것이 곧 경영이다. 개인 사업이나 소규모의 자영업을 하더라도 마찬가지다. 대기업 CEO든 동네 작은 가게 사장이든 모든 사업자들은 지금 이 순간에도 어떤 결정을 내려야 할지 숱한 고민을 하고 있을 것이다. '경영학의 아버지'라고 불리는 미국의 경영학자 피터 드러커Peter Drucker는 "기업의 상태를 정확히 측정할 수 없다면 제대로 경영할 수 없다"라는 말을 남겼다. 기업의 상태를 정확히 측정하려면 기업의 언어인 회계를 알아야 한다. 회계는 기업이 얼마나 이익을 내고(경영성과), 또 얼마나 건전한 상태에 있는지(재무상태)에 대한 객관적이면서도 정확한 정보를 제공해주기 때문이다.

2) 회계는 국가의 흥망성쇠까지 좌우한다

"회계는 인간의 창조물 중 가장 위대한 작품이다." 대문호 괴테Johann Wolfgang von Goethe가 한 말이다. 믿기지 않는가? 독일 문학의 최고봉으로 알려진 그가 지성과 감성의 영역인 문학과는 잘 어울리지 않는 회계를 위대한 작품이라고 했으니 말이다. 하지만 사실이다. 그가 바이마르 공국의 재상으로 있을 때 학교 교과 과정에 복식부기 수업을 의무화했다는 것만 봐도 회계를 얼마나 중시했는지를 잘 알 수 있다. 그는 작가인 동시에 과학자이자 정치가이기도 했다.

복식부기라는 말이 나왔다. 복식부기가 무엇일까? 탁구의 단식 경기처럼 단식부기도 있을까? 부기簿記란 장부에 기입하는 것이다. 돈이 들어오고 나가는 것, 즉 돈 계산을 누구나 알 수 있게 정확히 기록하는 것이 부기다. 주부가 가계부를 적는 것, 회사가 매출과 매입에 관한 장부를 정리하는 것, 이것이 모두 부기다.

그런데 부기가 발달하려면 화폐와 문자와 종이가 있어야 한다. 그래서 화폐가 등장한 뒤에도 복식부기가 생겨나기까지 한참 세월이 걸렸다. 서양에서 복식부기가 이루어지기 시작한 것은 이런 조건이 갖추어진 13세기 이후다. 그 이전에는 단식부기를 사용했다. 단식부기는 정해진 틀이나 원칙 없이 돈의 흐름을 단순히 나열한 것이다. 기록하는 사람이 편리한 대로 기입한 장부다. 이에 반해 복식부기는 일관된 원리와 원칙에 의해 조직적으로 기록하는 장부다. 자산과 부채와 자본의 변동, 비용과 수익의 발생 등에 대해 상세히 계산하도록 되어 있다.

현대 회계와 같은 형태의 복식부기는 13~14세기 무역의 중심이던 이탈리아에서 등장했다. 상업이 번성하면서 보다 많은 자본을 이용하기 위해 동업자 관계가 형성되었다. 동업자들에게 복잡한 거래를 기반으로 부를 공평하게 분배하기 위해서는 자본과 이익을 정확히 계산할 필요가 있었던 것이다. 13세기경 이탈리아 상인 사회에 전파된 아라비아 숫자는 복식부기의 확산에 중요한 역할을 했다. 복식부기는 매우 효과적이고 혁신적이었다. 그러나 안타깝게도 돈 계산을 비도덕적으로 치부하는 사회 분위기로 인해 이탈리아를 넘어 널리 통용되지는 못했다.

'회계의 아버지'로 불리는 루카 파치올리Luca Pacioli가 1494년 저술한『산술, 기하, 비율 및 비례 총론』(이하『편람』)은 근대까지 발표된 주요 회계 편람들의 바탕이 되었다. 그의『편람』은 특정 집단의 지식으로 여겨졌던 이탈리아의 회계를 모두가 접할 수 있는 공공의 정보로 전환시키는 계기를 마련했다. 하지만 당시 상업적 지식을 부정적으로 바라보는 신플라톤주의가 득세하면서 회계는 저속한 상업 기술로 여겨졌기에 파치올리의 책은 100년 가까운 시간 동안 주목을 받지 못했다.

이처럼 회계를 멀리한 결과는 어땠을까? 이탈리아 피렌체의 핵심 가문인 메디치가는 메디치 은행을 경영하며 막대한 부를 쌓았다. 그 바탕에는 엄격한 회계 원칙이 존재했다. 그렇지만 메디치가는 신플라톤주의에 빠져들면서 점차 상업과 회계를 멀리하게 되었다. 결국 메디치 은행은 파산에 이르게 된다. 스페인 제국도 예외가 아니었다. 해가 지지 않는 스페인 제국은 막대한 영토와 명성에도 불구하고 심각한 재정 위기에 처했다. 이렇게 된 데는 여러 요인이 있지만 회계 시스템이 제대로 작동하지 않아 재무상태가 엉망이 된 것이 주요 원인이었다.

16세기에 상업의 중심은 이탈리아에서 네덜란드로 이동했다. 회계는 네덜란드 교육의 중심이었고, 회계를 중요시한 그들은 부를 축적할 수 있었다. 파치올리의 저서는 출간된 지 100여 년이 지나서야 네덜란드에서 꽃을 피웠다. 네덜란드에는 세계 최초의 상장 주식회사인 동인도회사가 등장할 정도로 자본 시장이 발달했다. 동인도회사에 대한 투자는 내부 회계에 대한 신뢰에 기반을 둔 것이었다. 그러나 영국과 네덜란드의 전쟁으로 동인도회사의 재무상태가 악화되었고, 손실이 지속되었다. 이후 프랑스 혁명의 영향을 받아 세워진 바타비아 공화국에 의해 해산되면서 동인도회사는 200여 년간의 영업을 끝마쳐야 했다. 비록 정치적인 문제로 해산된 것이지만 이미 동인도회사 내부는 엄격하지 못한 회계 기록, 높은 배당, 차입금 의존, 부정에 대한 감시 기능 미비로 인해 몰락하고 있었다.

이와 같이 회계는 역사의 순간마다 중요한 역할을 해왔다. 이탈리아, 스페인, 네덜란드에 이르기까지 회계를 가까이한 시기에는 부를 축적하면서 번영을 이루었으나 회계를 소홀히 한 시기에는 쇠락의 길을 걸었던 것이다. 역사적으로 회계는 한 나라의 경제는 물론 윤리와 문화를 지탱하는 시스템의 일부였다. 따라서 국가의 흥망성쇠를 좌우할 정도로 지대한 영향을 미치기도 했던 것이다.

역사는 지금도 반복되고 있다. 금융위기를 촉발한 2008년의 리먼 브라더스 사태를 생각해보라. 분식粉飾(회사의 실적을 낮게 보이기 위해 장부를 조작하는 것)으로 회사의 재무상태를 속이지 않았다면 위험을 조기에 발견해 사회적 비용을 최소화할 수 있었을 것이다. 그러나 그들은 책임을 회피하기 위해 장부를 조작했고, 그 피해는 기업과 국가를 넘어 전 세계에 영향을 미쳤다. 우리나라도 1999년에 발생한 대우 사태 등을 생각해보면 회계의 실패가 한 국가와 사회에 얼마나 큰 영향을 미치는지를 알 수 있다. 하지만 다행인 것은 이 같은 긴 역사를 거치면서 회계는 계속 발전하고 있다는 것이다. 우리나라도 2018년부터 「주식회사 등의 외부감사에 관한 법률」이 시행되면서 회계개혁이 진행 중이다.

3) 우리는 회계 선진민족의 후예다

우리나라가 고려 시대에 세계 최초로 발명한 것은 무엇일까? 그렇다, 다들 잘 알고 있는 것처럼 1234년 이전에 이미 사용되었던 금속활자다. 그런데 또 하나가 있다. 그게 무엇일까? 그것은 놀랍게도 개성상인들이 발명한 복식부기다. 복식부기는 누군가 혼자서 고안해내는 것이 아니라 사회 문화적인 필요에 의해 만들어진다. 무역이 번성하고 금융 시장이 발달하면서 보다 정확한 자산과 손익의 계산, 부의 배분 등이 필요하게 될 때 등장하는 것이다.

고려를 창건한 왕건은 송악, 지금의 개성 출신 호족이었다. 그는 개경(개성의 옛 이름)을 수도로 삼아 광범위한 해상 무역을 전개했다. 개경은 가까운 항구 도시인 벽란도와 함께 점차 국제적인 상업 도시로 이름을 얻게 되었다. 외국 사신들이 드나들면서 나라와 나라 사이의 공무역이 이루어졌는가 하면 고려 상인들과 외국 상인들 사이의 사무역도 활발했다. 이때 아라비아 상인들도 벽란도를 통해 개경에 들어와 무역을 했는데, 이들에 의해 서양에 고려의 이름이 널리 전파되었다. 그래서 이때부터 우리나라가 '코리아'로 불리게 된 것이다.

개성상인들은 서양의 복식부기와는 다른 고유한 복식부기를 만들어 사용했다. 이를 '사개송도치부법四介松都治簿法'이라고 부른다. 사개는 복식부기의 차변과 대변에 해당하는 계정을 음양 사상에 입각하여 네 가지 요소, 즉 받는 자, 주는 자, 받는 것, 주는 것으로 나누어 기록하는 것을 말한다. 송도는 개경의 또 다른 이름이고, 치부는 금전이나 물건 따위가 들어오고 나가는 것을 기록하는 것은 물론 장부 전체를 다스리고 바로잡는다는 뜻이다. 개성상인들은 회계장부를 단순히 수치를 기록하는 것뿐 아니라 신용과 정직을 기록하는 차원으로 인식했다.

개성상인들이 이 같은 복식부기를 만들어 사용한 시기는 개성이 상업적으로 가장 번성했던 11세기경으로 추정된다. 개성상인 사이에서만 비밀리에 전해져 오던 복식부기가 세상에 널리 알려진 것은 1916년 경성 덕흥서림에서 간행된 현병주의 『실용자수사개송도치부법實用自修四介松都治簿法』을 통해서다. 실용實用이란 생활 속에서 실제로 사용되는이라는 뜻이고, 자수自修란 다른 사람의 가르침을 받지 않고 자기 힘으로 학문을 닦는 것을 의미한다. 그러니까 그는 혼자 책을 보고 익혀서 생활 속에 바로 사용할 수 있도록 사개송도치부법을 가르쳐주는 학습서를 펴낸 것이다. 고금의 역사에 능통하고 신식 학문에도 관심이 많았던 현병주는 이 책에서 사개송도치부법이 서양보다 200년 먼저 발명된 복식부기라고 분명하게 언급하고 있다.

이탈리아에서 최초로 복식부기가 등장했다고 말하는 것은 현존하는 최고의 복식부기 장부가 이탈리아에서 발견되었기 때문이다. 따라서 개성상인들이 11세기 무렵에 사개송도치부법으로 작성한 회계장부가 발견된다면 금속활자처럼 개성의 복식부기가 세계 최초라고 공인받을 수 있을 것이다. 하지만 안타깝게도 고려 시대 개성상인의 회계장부는 전해지지 않고 있다. 우리나라에서 발견된 가장 오래된 개성상인의 회계장부는 박영진 씨가 소장하고 있는 것으로 1887년부터 1912년까지의 장부 14권이다. 이보다 앞선 1786년에 기록된 개성상인의 부채장부는 북한 사회과학원이 소장하고 있으며, 1854년에 기록된 개성상인의 회계장부 역시 일본 고베대학교 도서관에 소

『세계가 놀란 개성회계의 비밀 –
개성상인이 발명한 세계 최초 복식부기 이야기』

한국공인회계사회 (2018)

개성상인은 뛰어난 상술과 인삼 무역으로 전 세계에 명성을 떨쳤다. 그 성공의 바탕이 된 것이 개성회계라고도 불리는 '사개송도치부법'이다. 세계 최초이자 최고의 복식부기 방식인 개성회계는 선조들의 합리적인 사고방식과 뛰어난 경영철학을 보여준다. 더욱이 서양보다 200년이나 앞섰다는 점은 주목할 필요가 있다.

우리나라 회계의 오랜 역사와 개성상인의 경영철학은 우리가 회계 선진민족이라는 자긍심을 일깨워준다. 이러한 취지에 따라 한국공인회계사회가 기획하여 일반인은 물론이고 중·고등학생들까지 쉽게 이해할 수 있도록 쓴 이 책은 '세계 최고 회계 기술을 가졌던 개성상인의 비밀을 찾아 떠나는 여행'이 될 것이다. 우리나라 역사 속에 실재했던 회계의 역할을 살펴보고, 회계가 국가와 사회의 안정과 지속을 담보하는 중요한 제도임을 알리고자 한다.

장되어 있다. 개성식 복식부기가 상인들 사이에서만 비밀리에 활용되고 전수되다 보니 이를 널리 알리거나 학문적으로 체계화하지 못한 아쉬움이 있다. 하지만 앞으로 1786년에 기록된 장부보다 앞선 장부가 발굴된다면 세계 회계의 역사를 개성상인의 복식부기로 다시 쓰게 될 날이 올 수 있을 것이다.

사개송도치부법으로 작성된 회계장부 맨 앞에는 천은상길진天恩上吉辰이라는 문구가 적혀 있다. 하늘의 은혜를 성실히 기록하고 일절 거짓이 없음을 나타낸다는 뜻이다. 대단하지 않은가? 회계장부를 대하는 마음가짐에서 개성상인들의 윤리 의식을 엿볼 수 있다. 우리는 우리가 생각하는 것보다 훨씬 수준 높은 회계의 역사와 제도를 가지고 있다. 숱한 고난과 시련 속에 많은 문헌들이 유실되긴 했지만 우리가 회계 선진 민족의 후예라는 사실을 결코 잊어서는 안 된다.

2. 회계를 알아야 사업이 바로 선다

1) 자산, 부채, 자본, 수익, 비용은 무엇인가?

'재무제표財務諸表'라는 말을 많이 들어보았을 것이다. 재무財務란 돈을 말하고, 제표諸表란 여러 가지 표를 의미한다. 그러니까 돈과 재산의 흐름을 일정한 형식과 순서에 따라 숫자와 회계 용어를 사용해 보기 쉽게 여러 표로 나타낸 것이 바로 재무제표다. 재무제표는 기업 등 경제활동의 주체가 특정 시점의 경제적인 상태와 일정 기간에 있었던 경제적 활동을 주어진 형식에 맞춰 작성한 재무보고서를 가리킨다. 재무상태표나 손익계산서 등이 이에 해당한다. 재무제표는 자산, 부채, 자본, 수익, 비용으로 구성된다. 먼저 재무제표의 구성 요소인 자산, 부채, 자본, 수익, 비용이 무슨 뜻인지 알아보자.

자산	과거의 거래나 사건의 결과로 현재 기업 실체에 의해 지배되고, 미래에 경제적 효익을 창출할 것으로 기대되는 자원
부채	과거의 거래나 사건의 결과로 현재 기업 실체가 부담하고 있고, 미래에 자원의 유출 또는 사용이 예상되는 의무
자본	기업 실체의 자산 총액에서 부채 총액을 차감한 잔여액 또는 순자산으로서 기업 실체의 자산에 대한 소유주의 잔여청구권
수익	기업 실체의 경영활동과 관련된 재화의 판매 또는 용역의 제공 등에 대한 대가로 발생하는 자산의 유입 또는 부채의 감소
비용	기업 실체의 경영활동과 관련된 재화의 판매 또는 용역의 제공 등에 따라 발생하는 자산의 유출이나 사용 또는 부채의 증가

정확한 용어를 가지고 설명하다 보니 이런 정의가 어렵고 생소할 수 있다. 구체적인 사례를 통해 좀 더 자세히 알아보자.

> [사례 1]　　이재욱 사장은 2019년 10월 디퓨저(diffuser, 화학적 원리를 이용해 확대관에 향수와 같은 액체를 담아서 향기를 퍼지게 하는 인테리어 소품)를 판매하는 충정디퓨저를 창업했다. 모아 놓은 돈 1,000,000원과 지인에게 빌린 돈 1,000,000원으로 시작한 작은 사업체다. 판매할 상품(디퓨저)을 구매하는 데 2,000,000원을 모두 사용했다. 지인에게 빌린 돈은 1년 후 상환하기로 했다.

여기서 자산은 무엇일까? 상품 재고 2,000,000원이 자산이다. 상품은 ① 상품을 구입한 과거 거래의 결과이고, ② 이재욱 사장에 의해 지배된다. 그리고 ③ 판매되면 미래에 경제적 효익效益(경제적으로 득이 생긴다는 의미)을 가져다준다. 그러니까 자산이란 경제적 가치가 있는 유형·무형의 재산 전체를 뜻한다.

그 다음 부채는 무엇일까? 그렇다, 지인에게 빌린 돈 1,000,000원이 부채다. 이는 ① 지인에게 돈을 빌린 과거 거래의 결과이고, ② 현재 이재욱 사장이 부담하고 있으며, ③ 미래에 돈을 상환해야 하므로 자원의 유출이 예상된다. 이렇듯 부채란 다른 사람이나 금융기관으로부터 빌려 쓴 돈으로 다시 갚아야 할 빚을 말한다.

자본은 무엇일까? 자산 총액 2,000,000원에서 부채 1,000,000원을 뺀 나머지 돈, 즉 1,000,000원이 자본이다. 이 사례에서는 자산 총액에서 부채를 뺀 잔여액이 이재욱 사장이 모아놓은 돈 1,000,000원과 같으므로 자신이 투자한 돈 1,000,000원을 자본으로 기록한다. 자산에서 부채를 뺀 금액을 자본으로 계산하는 이유는 빌린 돈을 다 갚고 나서 남은 돈이 온전한 내 소유인 것과 같은 이치다.

> [사례 2] 충정디퓨저를 설립한 이재욱 사장은 2019년 11월 내내 열심히 영업을 했다. 한 달 동안 이루어진 거래는 다음과 같다. 2,000,000원의 상품(디퓨저)을 모두 판매했고, 2,200,000원의 매출을 올렸다. 상품 판매 대금은 전액 현금으로 회수했다.

여기서 수익은 무엇일까? ① 상품(재화)을 판매하여, ② 2,200,000원의 현금(자산) 유입이 있으므로 2,200,000원의 매출이 수익이다. 다시 말해 수익이란 기업이 재화나 서비스를 제공하고 받은 대가다. 여기서는 매출액을 의미한다.

그렇다면 비용은 무엇일까? ① 재화를 판매하기 위해, ② 2,000,000원의 상품(자산) 유출이 있었으므로 2,000,000원은 비용(매출원가)이 된다. 비용이란 기업이 재화나 서비스를 제공하기 위해 소비하는 매출원가, 판매비 등을 이르는 말이다.

2) 얼마나 버는지 알고 싶으면 회계를 배워라

자영업자들이나 소상공인들의 가장 중요한 관심사는 "내가 돈을 얼마나 벌고 있을까?" 하는 것이다. 장사가 잘되면 잘되는 대로, 안 되면 안 되는 대로 얼마를 벌고 있는지 계산할 수 있어야 그에 따른 대응책을 마련할 수가 있다. 정확한 계산을 하려면 먼저 수익과 비용을 어느 시점에 인식해야 하는지 알아야 한다.

기업의 손실과 이익(손익)에 관한 계산은 발생주의를 따른다. 발생주의란 거래가 발생했을 당시에 수익과 비용을 인식하는 것이다. 현금이 오가는 것과는 무관하게 거래가 발생한 기간에 수익과 비용을 인식하는 것이다. 거래란 앞에서 설명한 자산, 부채, 자본, 수익, 비용에 어떤 변화를 가져오는 사건을 의미한다.

이에 반해 현금주의는 거래와 관계없이 현금이 들어오고 나가는 것에 따라 수익과 비용을 인식한다. 즉, 발생주의는 거래를 중심으로 계산하는 것이고, 현금주의는 돈(현금)을 중심으로 계산하는 것이다. 발생주의 회계와 현금주의 회계의 주된 차이는 수익과 비용을 인식하는 시점이 다르다는 데 있다.

구분	발생주의	현금주의
수익과 비용에 대한 인식	수익은 실현되었을 때 인식하고, 비용은 수익에 대응하여 인식한다	현금이 들어오고 나간 시점에 인식한다
장점	경영성과를 올바르게 나타낸다	기록이 간편하고, 현금의 흐름을 파악하기 쉽다
단점	기록이 복잡하고, 현금의 흐름을 파악하기 어렵다	수익과 비용이 대응되지 않아 경영성과를 올바르게 나타내기 어렵다

발생주의에는 중요한 원칙이 있다. 수익은 실현되었을 때 인식하고, 비용은 수익과 대응하여 인식하는 것이다. 거래가 이루어짐에 따라 일정한 수익이 발생했을 때 이와 관련된 비용을 함께 인식하는 것이다. 사례를 통해 살펴보자.

[사례 3]　최준용 사장은 2019년 10월 사무용 가구를 판매하는 서대문가구를 창업했다. 거래처에서 가구를 납품받아 판매하는 회사다. 10월에 2,000,000원의 사무용 의자를 현금으로 구입했다. 그리고 11월에 보유하고 있던 사무용 의자를 2,200,000원에 전량 판매했다. 의자 판매 대금은 12월에 현금으로 회수되었다.

발생주의에 따르면 거래가 이루어진 2019년 11월에 수익(매출)이 발생한 것으로 인식된다. 그리고 수익이 발생한 시점에 이와 관련된 비용인 매출원가가 인식된다. 그러니까 11월에 거래에 따른 수익과 비용이 모두 발생한 것이다. 하지만 현금주의에 따르면 현금이 지출된 10월에 비용(매출원가)이 발생한 것으로 인식되고, 현금이 회수된 12월에 수익(매출)이 발생한 것으로 인식되는 것이다.

구분	발생주의			현금주의		
	10월	11월	12월	10월	11월	12월
매출(수익)	0원	2,200,000원	0원	0원	0원	2,200,000원
매출원가	0원	(-)2,000,000원	0원	(-)2,000,000원	0원	0원
이익	0원	200,000원	0원	(-)2,000,000원	0원	2,200,000원

이와 같이 수익과 비용을 인식하는 시점에 따라 기업의 이익 또한 다르게 계산될 수 있다. 발생주의는 매출이 발생했을 때 매출원가를 인식하는 것처럼 수익이 실현되었을 때 관련 비용을 대응할 수 있어 경영성과를 잘 반영할 수 있다.

그러나 발생주의를 토대로 계산된 이익은 현금의 흐름을 반영하지 않기 때문에 현금의 흐름은 별도로 확인해야 한다는 점을 잊어서는 안 된다.

3. 알고 나면 간단한 복식부기

1) 복식부기와 단식부기

부기란 돈이 들어오고 나가는 것을 장부에 기입하는 것이라고 말한 바 있다. 거래가 발생하여 자산, 부채, 자본, 수익, 비용이 변화했을 경우 이를 장부에 기록하는 것이다. 복식부기는 거래의 원인과 결과를 차변과 대변으로 구분하여 이중으로 기록한다. 표의 왼쪽인 차변에는 자산의 증가, 부채 또는 자본의 감소, 비용의 발생 등을 기입하고, 오른쪽인 대변에는 자산의 감소, 부채 또는 자본의 증가, 수익의 발생 등을 기입한다.

복식부기의 원리는 크게 두 가지로 설명할 수 있다. 거래의 양면성과 대차 평균의 원리다. 거래에는 항상 원인과 결과가 존재한다. 원인과 결과를 양변 (차변, 대변)에 동일한 금액으로 기록하는 것을 거래의 **양면성**이라고 한다. 원인과 결과를 기록하므로 거래 내역을 추적할 수 있다. 대변에는 자금의 원천 (자본, 부채)이, 차변에는 자금 사용의 결과(자산)가 표시된다. 동일한 금액이 차변과 대변에 각각 기록되므로 차변의 합과 대변의 합은 항상 동일하다. 즉, '자산=부채+자본'이 되는 것이다. 이를 대차 **평균의 원리**라고 한다. 차변과 대변의 합계 금액이 일치하는지 비교해보면 기록이 잘못되었는지를 확인할 수 있다.

복식부기의 원리
✔ 거래의 양면성 ✔ 대차 평균의 원리

반면 단식부기는 단순히 수입과 지출만을 기록한다. 용돈 기입장이나 가계부를 생각하면 금방 이해가 될 것이다. 특별한 기준을 따르는 것이 아니므로 기록이 간편하다는 장점이 있다. 하지만 수입과 지출만을 파악할 수 있을 뿐, 자산, 부채, 자본의 상태를 파악하기 어렵다. 간단한 사례를 살펴보자.

[사례 4]   서대문가구의 최준용 사장은 2019년 10월 2,000,000원의 사무용 의자(상품)를 현금으로 구입했다. 이 거래를 복식부기와 단식부기로 각각 기록해보자.

[복식부기의 경우]

2019년 10월	(차변) 상품 2,000,000원	(대변) 현금 2,000,000원

[단식부기의 경우]

구분	항목	수입	지출
2019년 10월	상품 구입	-	(-)2,000,000원

앞의 사례와 같이 복식부기는 상품을 구입(원인)하고, 현금을 지불(결과)한 거래가 각각 차변과 대변에 동일한 금액(2,000,000원)으로 기록된다. 그렇지만 단식부기는 이런 구분이 없이 상품을 구입한 항목과 지출된 금액만 기록된다.

복식부기와 단식부기는 다음과 같이 정리할 수 있다.

구분	복식부기	단식부기
기록 방법	• 거래의 원인과 결과를 차변과 대변으로 구분해 이중으로 기록한다	• 수입과 지출만을 나열식으로 기록한다
장점	• 거래 내역을 추적할 수 있다 • 대차 평균의 원리에 따라 자기 검증이 가능하다 • 자산, 부채, 자본의 상태를 쉽게 파악할 수 있다	• 작성이 간편하다

구분	복식부기	단식부기
단점	• 작성이 쉽지 않다	• 수입과 지출만 파악할 수 있고, 자산, 부채, 자본의 상태는 파악할 수 없다
대상자	• 복식부기 의무자, 간편장부 대상자(선택)	• 간편장부 대상자 ※ 간편장부는 단식부기 장부이지만 수입과 지출뿐만 아니라 비유동자산(고정자산)의 증감도 기록한다

개인 사업자 중에서 새롭게 창업을 했거나 직전 연도의 매출이 일정 금액 이하라면 간편장부 대상자로 분류되어 단식부기로 장부를 작성해도 된다. 금액도 크지 않은 데다 내용도 복잡하지 않아 국세청에서 편의를 제공하는 것이다. 그렇지만 단식부기는 작성이 간편한 반면 재무상태를 정확히 파악하기 어려우므로 관리를 제대로 하려는 사업자라면 간편장부 대상자일지라도 복식부기로 장부를 작성하는 것이 좋다. 어려워 보여도 자꾸 해보면 익숙해지기 때문이다. 게다가 간편장부 대상자인데도 복식부기를 사용해 장부를 작성하는 경우 세금 혜택까지 주어진다.

2) 회계 등식: 자산＝부채＋자본

앞서 소개한 [사례 4]에서 상품의 증가는 차변(왼쪽)에 현금의 지출은 대변(오른쪽)에 기록했다. 왜 상품의 증가를 왼쪽에, 현금의 지출을 오른쪽에 기록하는지 궁금하다면 회계 등식을 알아야 한다. 회계 등식은 무엇일까? 복식부기의 원리 중 대차 평균의 원리를 등식으로 만든 것이다. 아까 살펴본 것처럼 차변인 자산이 대변인 부채와 자본의 합과 일치하는 것, 즉, '자산=부채+자본'을 회계 등식이라고 한다. 이것은 어느 나라에서나 통용되는 회계상의 약속이다.

다만 한 가지 잊지 말아야 할 것은 이 등식은 자산, 부채, 자본이 증가하는 경우에만 해당된다는 것이다. 감소할 때는 서로 위치를 바꿔서 부채와 자본은 왼쪽에, 자산은 오른쪽에 기록해야 한다. 즉, 자산, 부채, 자본이 감소한다면 '부채+자본=자산'이 되는 것이다. 회계 등식은 증가되는 것만을 기준으로 하고 있으므로 감소하는 경우에는 그 위치가 반대로 바뀐다는 점을 기억해두자.

구분	회계 등식
증가 시	자산 = 부채 + 자본
감소 시	부채 + 자본 = 자산

앞서 살펴본 [사례 1]을 회계 등식으로 표현하면 다음과 같다.

상품 2,000,000원 = 지인에게 빌린 돈 1,000,000원 + 모아놓은 돈 1,000,000원

(자산 증가)　　　　　　(부채 증가)　　　　　　(자본 증가)

자산인 상품은 왼쪽에, 부채인 지인에게 빌린 돈과 자본인 모아놓은 돈은 오른쪽에 각각 기록했다.

이를 수익과 비용까지 고려한 회계 등식으로 다시 구성해보겠다.

```
자산 = 부채 + 자본 + 수익 - 비용
```

약간 더 복잡해진 것 같지만 간단한 원리다. 새로 추가된 '수익-비용'은 무엇일까? 그렇다, 바로 이익이다. 들어온 전체 수입에서 원가 등의 비용을 빼고 나면 내가 순수하게 벌어들인 금액만 남는다. 이것을 이익이라고 한다. 이익은 자본을 증가시킨다. 좀 더 쉽게 말하면, 사업을 해서 돈을 벌면 그 돈이 누구 것이 될까? 당연히 사장인 내 것이 된다. 물론 주식회사의 경우에는 주주의 것이 된다. 내가 출자한 돈은 자본이라고 앞서 설명했다. 벌어들인 이익을 내가 인출하기 전까지는 이익만큼 내 돈이 회사에 더 들어가 있는 것이므로 이익은 자본을 증가시킨다. 따라서 자본이 있는 오른쪽에 '수익-비용'이 위치해 있는 것이다. 그럼 이 등식을 조금 변형시켜보겠다.

```
자산 + 비용 = 부채 + 자본 + 수익
```

이번에는 자산과 비용이 왼쪽에 부채와 자본과 수익이 오른쪽에 위치해 있다. 이것을 이해하기 위해 [사례 2]를 회계 등식에 따라 기록하면 다음과 같다.

```
현금 2,200,000원 + 매출원가 2,000,000원 = 매출 2,200,000원 + 상품 2,000,000원

  (자산 증가)        (비용 발생)         (수익 발생)         (자산 감소)
```

자산의 증가와 비용의 발생은 왼쪽에, 수익의 발생과 자산의 감소는 오른쪽에 위치하게 되는 것이다.

3) 계정과 분개

앞서 사례에서 현금과 상품을 자산으로 분류했다. 현금과 상품은 둘 다 자산이지만 엄연히 그 속성이 다르다. 자산에도 다양한 항목이 존재하는 것이다. 정보이용자에게 보다 유용한 정보를 제공하려면 유사한 성질을 가진 항목으로 분류해 정보를 제공할 필요가 있다. 계정은 회계상에서 거래를 기록하기 위한 단위다. 그 단위는 유사한 성질을 가진 항목으로 분류되어 있다. 각 계정의 명칭을 계정 과목이라고 한다. 대표적인 계정 과목 몇 가지를 정리해보았다.

구분	계정 과목
자산	현금및현금성자산, 매출채권, 미수금, 상품, 원재료, 토지, 설비자산 등
부채	매입채무, 미지급비용, 미지급금, 단기차입금, 장기차입금 등
자본	자본금, 이익잉여금 등
수익	매출액, 이자수익, 임대료 등
비용	매출원가, 급여, 임차료, 감가상각비, 이자비용 등

분개分介는 복식부기의 원리에 따라 거래를 기록하는 것이다. 구체적인 계정 과목과 금액을 정하는 것으로 거래에 대한 회계 기록의 시작이다. 분개

기록의 형식은 차변에 기록할 계정에 대해서는 왼쪽에, 대변에 기록할 계정에 대해서는 오른쪽에, 각각 계정 과목과 함께 금액을 표시하면 된다.

올바른 기록을 위해서는 계정 과목과 금액을 정확하게 결정해야 한다. 앞에 나왔던 [사례 2]를 분개해보겠다.

2019년 11월	(차변) 현금 2,200,000원	(대변) 매출 2,200,000원
	(차변) 매출원가 2,000,000원	(대변) 상품 2,000,000원

자산(현금)의 증가와 비용(매출원가)의 발생은 차변(왼쪽)에, 자산(상품)의 감소와 수익(매출)의 발생은 대변(오른쪽)에 위치해 있다. 이는 회계 등식에서 설명한 바와 같다. 그리고 각 거래는 차변과 대변에 이중으로 기입되며(거래의 양면성), 차변과 대변의 합계액은 4,200,000원으로 동일하다(대차 평균의 원리). 복식부기의 원리에 따라 정확하게 기록이 이루어진 것을 알 수 있다.

4) 거래의 8요소는 무엇인가?

크든 작든 모든 거래는 자산, 부채, 자본, 수익, 비용에 변화를 가져온다. 상품을 외상으로 구입한 경우를 한번 생각해보자. 이 거래로 인해 자산, 부채, 자본, 수익, 비용 중에서 어떤 항목이 변화할까? 그렇다, 자산(상품)과 부채(매입채무)가 증가한다. 이와 같이 각 거래에 따라서 자산, 부채, 자본, 수익, 비용이 변동하는데, 이들 거래의 변동 요소를 거래 요소라고 한다. 거래 요소는 여덟 가지로 구분된다. 모든 거래는 차변과 대변에 이중으로 기입되는 양면성을 가지므로 반드시 차변과 대변으로 구성되어 있다. 즉, 모든 거래는 차변 요소 네 가지와 대변 요소 네 가지의 조합으로 발생한다. 이를 거래의 8요소라고 부른다.

차변 거래 요소	대변 거래 요소
자산의 증가	자산의 감소
부채의 감소	부채의 증가
자본의 감소	자본의 증가
비용의 발생	수익의 발생

이것은 앞서 살펴본 회계 등식과도 동일하다.

회계 등식
자산 증가 + 비용 발생 = 부채 증가 + 자본 증가 + 수익 발생
부채 감소 + 자본 감소 = 자산 감소

    (차변 거래 요소)   (대변 거래 요소)

회계 등식을 살펴보면 뭔가 이상하지 않은가? 그게 무엇일까? 그렇다, 가만 보면 비용과 수익의 감소가 없다. 왜 그럴까 궁금할 것이다. 그러나 곰곰이 생각해보면 답을 알 수 있다. 비용과 수익이 감소하는 거래는 거의 발생하지 않기 때문이다. 제품을 만들수록 비용이 줄어들고, 많이 팔면 팔수록 수익이 줄어드는 거래란 있을 수가 없다. 그래서 이를 거래 요소로 고려하지 않는 것이다. 아울러 비용과 수익의 증가보다는 비용과 수익의 발생이라는 표현이 더 적절하다.

5) 재무회계와 관리회계

회계는 정보이용자가 합리적인 의사결정을 할 수 있도록 경제적 실체에 대한 유용한 정보를 전달하는 과정이다. 그렇다면 정보이용자는 누구일까? 투자자, 채권자, 경영자, 조세 당국, 감독 및 규제 기관 그리고 일반 대중 등이다. 정보이용자들은 각자의 목적에 따라 필요로 하는 정보가 다르다. 주주는 어느 기업에 얼마를 투자할지 결정하기 위해 정보가 필요하고, 경영자는 회사 경영에 관한 여러 가지 의사결정을 위해 정보가 필요하다. 정보이용자에 따라 요구하는 정보가 다르므로 누구를 위해 어떤 정보를 제공하느냐에 따라 회계를 분류할 수 있다.

회계에는 재무회계와 관리회계가 있다. 기업 외부에 있는 정보이용자, 즉 투자자나 채권자 등을 위해 작성되는 회계를 재무회계라고 하고, 기업 내부에 있는 정보이용자, 즉 경영자나 임직원 등을 위해 작성되는 회계를 관리회계라고 한다. 이 외에도 조세 당국을 위한 세무회계가 있지만 여기서는 다루지 않는다.

(1) 외부 정보이용자를 위한 재무회계

재무회계는 외부 정보이용자의 의사결정에 유용한 정보를 제공한다. 각기 다른 회계 기준을 사용할 경우 이용자들이 잘못된 의사결정을 내릴 수 있으므로 이를 방지하기 위해 일반적으로 인정된 회계 원칙에 따라 회계처리를 한다. 재무회계를 통한 회계정보는 재무제표 형태로 이용자에게 제공되며, 주로 과거에 발생한 사건들을 기록한다.

(2) 내부 정보이용자를 위한 관리회계

관리회계는 기업 내부 정보이용자의 의사결정에 유용한 정보를 제공한다. 올바른 의사결정을 위해 적시에 적절한 정보를 제공하는 데 초점을 맞추기 때문에 일정한 형식에 구애받지 않는다. 의사결정 결과를 예측해야 하므로 미래에 대한 정보가 담겨 있다. 가장 대표적인 정보는 원가정보다. 관리회계에 대해서는 4장 '경영 의사결정에 필요한 원가에 대해 알아보자'에서 더 자세히 살펴보도록 하자.

구분	재무회계	관리회계
정보이용자	외부 정보이용자	내부 정보이용자
준거 기준	일반적으로 인정된 회계 원칙	일정한 기준 없음
보고 형태	재무제표	의사결정에 적합한 보고서
정보 성격	과거 지향적, 객관성 강조	미래 지향적, 목적 적합성 강조
보고 주기	정기적(1년, 반기, 분기)	비정기적

4. 재무제표에는 어떤 것이 있나?

이미 설명한 것처럼 재무제표는 기업의 재무상태와 경영성과를 회계 용어를 사용해 체계적으로 표현한 여러 가지 표다. 재무상태표, 손익계산서,

현금흐름표, 자본변동표 및 주석으로 구성되어 있다. 이 중에서 주요 재무제표인 재무상태표, 손익계산서, 현금흐름표가 어떤 것이고, 무슨 의미를 담고 있는지를 살펴보자. 재무제표의 형식과 용어는 상장되지 않은 중소 규모 기업들에 적용되는 일반기업회계기준에 맞추어 기술했다.

재무상태표	일정 시점의 재무상태
손익계산서	일정 기간의 경영성과
현금흐름표	일정 기간의 현금 유입과 유출 내용

재무제표 사이의 관계는 다음과 같이 표현할 수 있다. 영업을 통해 벌어들인 이익은 자본을 증가시킨다. 그리고 자산의 한 종류인 현금의 유입과 유출 내역은 현금흐름표에 표시된다. 각 재무제표는 서로 유기적인 관계를 가지고 있다.

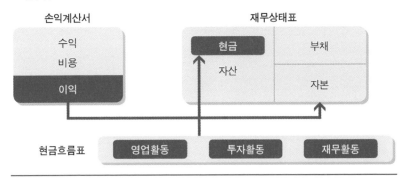

1) 재무상태표: 자산, 부채, 자본을 기억하자

[사례 5]　나찬구 사장은 2019년 자본금 1,000,000원을 출자하고, 은행에서 1,500,000원을 차입하여(만기 1년) 화장품 회사를 개업했다. 사무실 임차를 위해 보증금 1,200,000원을 지불했다. 2019년 12월 31일 현재의 재무상태표를 작성해보자.

[재무상태표]

2019년 12월 31일 현재

현금	1,300,000원	단기차입금	1,500,000원
임차보증금	1,200,000원	자본금	1,000,000원
계	**2,500,000원**	**계**	**2,500,000원**

　자금의 원천인 단기차입금과 자본금은 오른쪽(부채, 자본)에, 자금의 사용 결과(자산)는 왼쪽에 기록한다. 차입금借入金(기업을 경영하는 과정에서 운영이나 투자를 위해 외부에서 조달된 자금)의 만기가 1년이므로 단기차입금이라는 계정 과목을 사용했다. 차입금의 만기가 1년 이내면 단기, 1년 이상이면 장기로 분류한다. 재무상태표는 대차 평균의 원리에 따라 차변과 대변의 합계가 일치한다.

　이처럼 재무상태표는 일정한 시점에 해당 기업이 보유하고 있는 자산과 부채와 자본에 대한 정보를 제공한다. 재무상태표의 구성 요소는 자산, 부채, 자본이다. 앞서 회계 등식은 '자산=부채+자본'이라고 했다. 재무상태표는 회계 등식의 위치와 동일하게 구성되어 있음을 알 수 있다.

자산	부채
	자본

다음에는 재무상태표의 형식이 예시되어 있다. 자산, 부채, 자본에 해당하는 각 계정 과목을 알아두면 재무상태표를 읽는 것이 보다 수월해질 것이다.

자산	부채
Ⅰ.유동자산	Ⅰ.유동부채: 단기차입금, 매입채무, 미지급비용 등
1.당좌자산: 현금및현금성자산, 단기투자자산, 매출채권, 선급비용 등	Ⅱ.비유동부채: 사채, 장기차입금, 퇴직급여충당부채, 장기제품보증충당부채 등
2.재고자산: 상품, 제품, 재공품, 원재료 등	부채 총계
	자본
Ⅱ.비유동자산	Ⅰ.자본금
1.투자자산: 투자부동산, 장기투자증권 등	Ⅱ.자본잉여금
2.유형자산: 토지, 설비자산(-감가상각누계액), 건설중인자산 등	Ⅲ.자본조정
3.무형자산: 영업권, 산업재산권, 개발비 등	Ⅳ.기타포괄손익누계액
4. 기타비유동자산	Ⅴ.이익잉여금
	자본 총계
자산 총계	부채와 자본 총계

누구나 명확히 이해할 수 있는 공통의 용어를 사용하다 보니 처음 보는 분들은 어렵다고 느낄 수 있지만 실제로 적용해보면 본래 의미를 체감할 수 있

을 것이다. 유동자산이란 1년 이내에 현금으로 바꿀 수 있는 자산을 가리킨다. 이 중 당좌자산은 현금화가 쉬운 자산을 뜻하고, 재고자산은 판매하기 위해 보유하고 있는 자산이나 제조 과정 중에 있는 자산을 의미한다. 반면 비유동자산이란 건물, 부동산, 기계설비 등 단기간 안에 현금화가 쉽지 않은 자산으로 보통 1년 이상 기업 내에 체류하는 자산을 가리킨다.

이로 미루어 짐작해보면 유동부채는 1년 이내에 상환해야 하는 채무이고, 비유동부채는 지불 기한이 1년을 초과하는 채무라는 것을 알 수 있다. 유동부채는 지급 기한이 짧기 때문에 기업이 지급 능력을 보유하기 위해서는 유동부채보다 더 많은 유동자산을 보유하고 있어야 한다. 그렇지 않으면 빚을 내서 빚을 갚아야 하는 악순환에 빠질 수 있다. 작은 가게든 큰 기업이든 현금이 중요한 이유가 여기에 있다. 유동성流動性이란 각 경제 주체가 자신이 소유하고 있는 자산을 현금으로 바꿀 수 있는 능력을 말한다. 쉽게 말해 현금으로 바꿔 쓸 만한 재산을 얼마나 가지고 있는가를 나타내는 말이다. 현금화할 수 있는 재산이 많으면 유동성이 풍부하다고 하고, 그렇지 않은 경우에는 유동성이 부족하다고 한다.

재무상태표는 해당 기업의 자산과 부채의 유동성에 대한 정보를 정확히 파악할 수 있게 해준다. 부채를 통해 자금을 조달했는지 자기자본을 통해 자금을 조달했는지를 알 수 있어 재무 건전성도 파악할 수 있다. 여기서는 재무상태표의 구조를 이해하는 정도로 넘어가고 자세한 분석은 5장 '회계 숫자를 통한 경영분석'에서 하자.

2) 손익계산서: 이익에도 종류가 있다

[사례 6]   박지민 사장은 사무용품을 판매하는 사업을 하고 있다. 2019년 결산을 해보니 매출액이 3,000,000원, 매출원가가 1,200,000원, 판매직원 급여가 1,200,000원이었다. 뜻밖에도 회사의 여유 자금으로 투자한 금융상품에서 100,000원의 이자수익이 발생했다. 그리고 법인 사업자라서 법인세비용으로 100,000원이 나갔다. 박지민 사장이 번 돈은 얼마일까? 2019년도 손익계산서를 작성해보자.

[손익계산서]
2019년 1월 1일부터 2019년 12월 31일까지

매출액	3,000,000원
매출원가	(-)1,200,000원
매출총이익	1,800,000원
판매비와관리비	(-)1,200,000원
영업이익	600,000원
영업외수익	100,000원
영업외비용	0원
법인세비용차감전순이익	700,000원
법인세비용	(-)100,000원
당기순이익	600,000원

손익계산서를 작성하니 박지민 사장은 2019년에 당기순이익에 해당하는 600,000원을 번 것으로 나타났다. 앞서 기업의 이익은 자본을 증가시킨다고 했다. 2019년의 영업 결과로 얻은 당기순이익(600,000원)만큼 2019년 말에 재무상태표의 자본이 증가한다. 그리고 거래의 양면성에 따라 늘어난 자본만

큰 자산도 증가하기 때문에 양변의 합계는 동일(대차 평균의 원리)해진다.

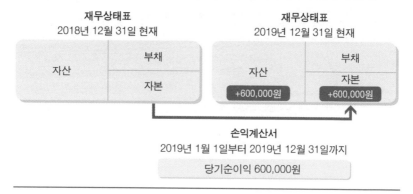

이처럼 손익계산서는 일정 기간의 기업 경영성과에 대한 정보를 제공한다. 당해 회계기간의 경영성과를 나타낼 뿐 아니라 기업의 미래 현금흐름과 수익창출 능력 등을 예측하는 데에도 유용한 정보를 제공한다. 손익계산서의 구성 요소는 수익과 비용이다. 수익에서 비용을 차감하여 이익(손실)을 계산한다.

손익계산서에서는 영업활동의 종류에 따라 단계별로 이익을 계산한다. 첫 번째로는 매출에서 상품이나 제품의 원가를 차감하여 매출총이익을 계산한다. 매출에서 매출원가가 차지하는 비중을 통해 기업의 원가 경쟁력을 알 수 있다. 두 번째 단계는 매출총이익에서 물건을 판매하기 위해 들어간 비용인 판매비와관리비를 차감해 영업이익을 산출한다. 기업의 주된 영업활동을 통해 벌어들인 이익을 뜻하므로 기업의 수익성을 평가하는 데 매우 유용하다. 그리고 영업외수익을 더하고, 비용을 빼서 법인세차감전순이익을 계산

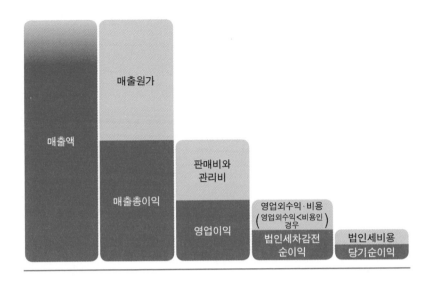

한다. 영업외수익과 비용은 영업활동과 관계없는 수익과 비용을 일컫는다. 기업이 영업과 관련 없이 보유하고 있던 금융상품에서 이자수익을 얻었다면 이것은 영업외수익이 되는 것이다. 법인세차감전순이익에서 법인세비용을 빼고 나면 당기순이익이 남는다. 이 돈이 바로 순수하게 남는 돈이다. 이렇듯 단계별로 이익을 살펴보면 어느 부분에서 이익이 나는지, 돈을 벌어들이는 항목이 무엇인지를 보다 효율적으로 파악할 수 있다.

판매비와관리비, 영업외수익, 영업외비용에 해당하는 주요 항목은 다음과 같다. 역시 각 계정 과목을 알아두면 손익계산서를 보기가 훨씬 수월해진다.

판매비와관리비	급여, 퇴직급여, 복리후생비, 임차료, 감가상각비, 세금과공과, 광고선전비, 연구비, 경상개발비, 대손상각비, 소모품비, 수도광열비, 도서인쇄비 등
영업외수익	이자수익, 배당금수익, 임대료, 단기투자자산처분이익, 외환차익, 외화환산이익, 유형자산처분이익, 사채상환이익, 단기투자자산평가이익 등
영업외비용	이자비용, 단기투자자산처분손실, 외환차손, 외화환산손실, 유형자산처분손실, 사채상환손실, 단기투자자산평가손실 등

3) 현금흐름표: 현금창출 능력이 중요하다

[사례 7]   고진영 사장은 2019년에 4,000,000원의 당기순이익을 벌어들였다. 한 해 동안 발생한 감가상각비는 500,000원이며, 회사의 여유 자금을 이용해 단기적으로 투자한 금융상품의 가치가 상승해 단기투자자산평가이익이 300,000원 발생했다. 아울러 재고자산은 200,000원 감소했고, 매출채권은 150,000원 증가했으며, 매입채무는 500,000원 증가한 것으로 나타났다. 고진영 사장 사업체의 영업현금흐름은 어떻게 될까?

어려운가? 실제로 장사를 하거나 사업을 하다가 현장에서 맞닥뜨리는 각종 문제들은 이보다 훨씬 더 힘들고 복잡하다. 하나씩 풀어보면 어렵지 않다. 감가상각비가 무엇일까? 공장이나 기계설비 등과 같은 자산은 몇 년 동안 사용할 수 있으므로 구입금액을 사용 기간에 걸쳐 배분하는데, 배분된 비용을 감가상각비라고 한다. 그리고 매출채권은 재화나 용역을 외상으로 판매했을 경우 발생하는 채권이다. 외상매출금과 받을어음이 이에 해당한다. 매입채무는 매출채권과 반대되는 개념이다. 재화나 용역을 외상으로 매입한 경우 지급해야 할 채무다. 지급어음과 외상매입금이 여기에 속한다.

영업활동으로 인한 현금흐름은 발생주의 이익인 당기순이익에서 현금의 유출이 없는 비용(예: 감가상각비 등)을 가산하고, 현금의 유입이 없는 수익(예: 단기투자자산평가이익 등)을 차감한 후 영업활동에 관련된 자산 및 부채의 변동 항목을 조정하여 계산된다. 계산 방법은 다음 수식과 같다.

> 영업활동으로 인한 현금흐름 = 당기순이익 + 현금의 유출이 없는 비용 − 현금의 유입이 없는 수익
> − 영업활동으로 인한 자산의 증가 + 영업활동으로 인한 자산의 감소
> − 영업활동으로 인한 부채의 감소 + 영업활동으로 인한 부채의 증가

현금의 유출이 없는 대표적 비용은 감가상각비다. 자산의 취득 시점에 매입비용이 유출되었음에도 발생주의 아래에서는 취득원가를 사용 기간에 배분하여 비용으로 인식한다. 당기순이익은 현금의 유출이 없는 비용인 감가상각비가 차감되어 계산되므로 이를 다시 더해주는 것이다. 단기투자자산평가이익은 단기투자자산의 시장가격이 올라 자산의 가치가 상승했다는 것이지 판매하여 이익을 실현한 것은 아니므로 현금유입이 없는 수익이 된다. 그리고 영업활동에 관련된 자산 및 부채의 변동 항목을 조정해준다. 예를 들어 재고자산이 증가했다면 재고자산을 매입한 것이므로 현금은 감소한다. 매입채무가 감소했다면 매입채무를 상환한 것이므로 역시 현금이 감소한다. 이와 같이 영업활동으로 인한 자산이 증가하면 현금이 감소하고, 자산 감소 시에는 현금이 증가한다. 그리고 영업활동으로 인해 부채가 늘어나면 현금이 증가하며, 부채가 줄어들면 현금이 감소한다.

고진영 사장 사업체의 2019년 현금흐름을 정리해보면 다음과 같다.

영업활동으로 인한 현금흐름(4,750,000원) = 당기순이익(4,000,000원) + 현금의 유출이 없는 비용(500,000원) − 현금의 유입이 없는 수익(300,000원) − 영업활동으로 인한 자산의 증가(150,000원) + 영업활동으로 인한 자산의 감소(200,000원) − 영업활동으로 인한 부채의 감소(0원) + 영업활동으로 인한 부채의 증가(500,000원)

이 내용을 현금흐름표(영업활동)로 작성하면 다음과 같다.

[현금흐름표]
2019년 1월 1일부터 2019년 12월 31일까지

Ⅰ. 영업활동으로 인한 현금흐름	4,750,000원
1. 당기순이익(손실)	4,000,000원
2. 현금의 유출이 없는 비용 등의 가산	
가. 감가상각비	500,000원
3. 현금의 유입이 없는 수익 등의 차감	
가. 단기투자자산평가이익	(−)300,000원
4. 영업활동으로 인한 자산과 부채의 변동	
가. 재고자산의 감소(증가)	200,000원
나. 매출채권의 감소(증가)	(−)150,000원
다. 매입채무의 증가(감소)	500,000원

고진영 사장이 2019년 한 해 동안 열심히 영업활동을 해서 번 현금은 4,750,000원이다. 자영업이든 큰 기업이든 사업을 할 때 가장 중요한 것은 두말할 필요도 없이 현금이다. 아무리 재무상태표가 양호하고, 손익계산서상으로 이익이 난다 해도 당장 손안에 쥔 현금이 없으면 얼마든지 위태로워

질 수 있다. 이익이 발생하고 있는데도 문을 닫는 흑자도산이 일어나는 것은 이런 이유에서다. 한 해에도 수많은 기업과 가게들이 문을 닫는다. 실제로 조금만 더 버티면 회생할 수 있는 기업들도 있다. 하지만 지금 내가 가지고 있는 현금이 없으면 위험을 막아낼 도리가 없다. 현금은 내 사업체를 지키고, 내 꿈을 지키고, 내 직원과 가족을 지킬 수 있다. 사업 전망이 장밋빛이고 수익성이 좋다 해도 유동성이 없으면 내 사업체는 안갯속에 있는 것과 마찬가지다.

따라서 경영자는 기업의 현금 유입과 유출에 대한 정보가 담긴 현금흐름표를 유심히 살펴봐야 한다. 현금흐름은 회사가 매일 영업활동을 함으로써 창출해내는 현금, 즉 영업활동으로 인한 현금흐름과 유형자산과 무형자산의 취득 또는 매각으로 얻은 현금, 즉 투자활동으로 인한 현금흐름, 그리고 채권자와 투자자로부터 받은 현금, 즉 재무활동으로 인한 현금흐름으로 분류된다. 재무활동으로 자금을 조달하고, 투자활동으로 유형자산 등에 투자하

재무활동으로 인한 현금흐름	주주 및 채권자로부터 유입되거나 유출되는 현금흐름

투자활동으로 인한 현금흐름	현금의 대여와 회수, 유가증권·투자자산·유형자산 및 무형자산 취득과 처분에 관련된 현금흐름

영업활동으로 인한 현금흐름	제품을 판매하는 영업활동으로부터 유입되거나 유출되는 현금흐름

며, 이를 활용해 영업을 수행함으로써 이익을 창출하는 것이다. 이 세 가지를 합한 것이 현금 잔고의 변화다.

이 같은 세 가지 현금흐름 중에서 영업활동으로 인한 현금흐름을 중심으로 설명했다. 현금흐름 중 가장 중요한 부분이면서 기업의 활력이기도 한 까닭이다. 회사가 현금을 만들어내는 방법 가운데 영업활동으로 인한 현금흐름이 원활하지 않으면 나머지 재무활동이나 투자활동으로 인한 현금흐름 역시 원활할 수가 없다. 영업이 부진해서 현금을 만들어내지 못하는 회사에 돈을 빌려주거나 투자할 사람이 없을뿐더러 아무리 자산이 많아도 매각만으로 현금을 조달할 수는 없기 때문이다. 건전한 영업현금흐름은 사업 성공의 열쇠다. 세계적인 다국적 기업이나 국내 유수의 재벌이라 해도 영업현금흐름이 건전하지 못하면 사업은 내리막길을 걸을 수밖에 없다.

지금까지 가장 기초적인 회계의 기본 원리에 관해 살펴보았다. 2장 '알쏭달쏭한 회계 이슈를 풀어보자'에서는 좀 더 구체적으로 재무제표의 각 계정별로 발생하는 주요 이슈들을 모아 살펴보겠다.

* **이정헌 본부장**은 현재 한국공인회계사회 기획·조사본부장으로 근무하고 있다. 서울대학교 경영학과와 서울대학교 대학원 경영학과를 졸업했으며, 한국공인회계사 자격증을 보유하고 있다. 삼일회계법인 근무 당시 회계감사뿐만 아니라 다양한 경영컨설팅 경험과 더불어 10여 년의 Industry 근무 경험을 보유하고 있다. 한국공인회계사회에서는 현재 《CPA BSI》 발간의 실무총괄 역할을 담당하고 있으며, 감사위원회 운영 효율화 프로젝트 실무총괄 그리고 『세계가 놀란 개성회계의 비밀 – 개성상인이 발명한 세계 최초 복식부기 이야기』(2018)와 『남북경제협력 – 회계 통일이 우선이다』(2019) 출간 시 실무총괄 역할을 담당했다.
* **박성원 연구원**은 한양대학교 경영학부 졸업 후 동 대학원에서 경영학 박사를 취득했다. 현재 한국공인회계사회 기획·조사본부 연구원으로 근무하고 있다. 《CPA BSI》 발간을 담당하고 있으며, 『남북경제협력 – 회계 통일이 우선이다』(2019) 출간 시 실무 역할을 담당했다.

2장

알쏭달쏭한
회계 이슈를 풀어보자

김이동 삼정회계법인 전무, 공인회계사
박상원 삼정회계법인 이사

알쏭달쏭한 회계 이슈를 풀어보자

김이동(삼정회계법인 전무, 공인회계사)
박상원(삼정회계법인 이사)

○—●—●—○

회계에 익숙하지 않은 사람들은 재무제표만 봐도 머리가 아프고, 필요하다니까 들여다보려다가 회계 용어만 들어도 어려움에 사로잡혀 생각이 멈춰버린다.

또 회계의 원리를 충분히 이해했다고 하더라도 매일 현장에서 맞닥뜨려야 하는 구체적인 현실 속에서 이를 어떻게 적용하고 해결해야 할지 난감할 때가 있다.

예를 들어 부채가 많은 것보다 적은 것이 좋다는 일반적인 생각, 그리고 비용을 지출했는데 왜 한꺼번에 인식하지 않고 기간에 따라 배분하는지 등에 대한 질문을 포함해서 재무제표의 각 계정별 알쏭달쏭한 측면에 대해 살펴보기로 한다.

1. 매출채권: 많이 팔았다고 좋은 것만은 아니다

상품을 판매하거나 서비스를 제공한 뒤 거래 상대방으로부터 대가를 즉시 현금으로 받을 수 있으면 좋겠지만 그렇지 않은 경우도 많다. 기업이 영업활동을 통해 상품을 판매하거나 서비스를 제공해 매출이 발생했음에도 불구하고 대가를 현금으로 받지 못하고 외상으로 처리하거나 어음으로 지불받는 경우 이를 매출채권이라 한다. 즉, 매출채권이란 매출이 발생했지만 현금화하지 못한 돈을 일정 기간이 지난 후 현금으로 받을 수 있는 권리를 일컫는다. 대개 외상매출금과 받을어음 등 외상판매대금을 가리킨다. 외상매출금은 회사가 고객에게 무이자로 제공한 단기간의 신용공여이며, 받을어음은 일정 금액을 특정일에 지급하겠다는 서면 약속이다. 약속한 기간 안에 현금으로 받을 경우 정상적인 매출로 처리되지만, 이자가 발생하는 것도 아닌 데다 관리비용도 소요되며 경기가 좋지 않을 때는 떼일 염려까지 생긴다.

매출채권은 신용카드를 예로 들면 이해하기 쉽다. 소비자들은 물건을 사기 위해 현금이나 신용카드를 사용한다. 신용카드가 워낙 보편화되었기 때문에 이를 사용하면서도 그것이 외상이라는 생각을 하지 않는다. 그러나 물건을 판매하는 사업자는 고객이 신용카드로 결제하는 경우 매출이 발생했지만 현금을 바로 손에 쥐지 못한다. 신용카드 대금을 은행에서 현금으로 지불받기 전까지는 사업에 필요한 지출을 할 수도 없다. 외식업의 경우 주변의 고정 거래처를 대상으로 식권을 발행하고 나서 매달 정해진 날짜에 현금으로 돌려받는 경우도 있다. 이런 것들이 모두 매출채권이다. 불특정 다수를 대상으로 하는 사업자의 경우 이런 채권을 관리하기가 쉽지 않다. 특히 사업자는 규모가 커질수록 특정 거래처의 매출이 점점 누적되기 때문에 거래처를 대상으로 신용도를 관리해서 매출채권의 규모를 적절히 관리해야 한다.

1) 매출채권은 왜 발생할까?

회계는 일정한 기준에 따라서 수익과 비용을 인식하는데, 이 기준은 현금주의와 발생주의로 구분된다. 이미 1장 '회계 역사로부터 본 복식부기'에서 상세히 살펴본 것처럼 현금주의는 현금의 유입과 유출이 있는 경우에만 수익과 비용을 인식하는 반면, 발생주의는 현금의 유입과 유출이 없더라도 거래가 이루어진 시점에 바로 수익과 비용을 인식한다. 발생주의 회계 기준에 따라 거래가 이루어진 경우 실제로 그에 대한 돈을 받지 못했지만 매출채권을 인식하는 것이다.

2) 발생한 매출채권은 어떻게 회수하나?

고객이 음식점에서 음식 값 10,000원을 신용카드로 결제하는 경우, 매출채권의 발생과 대금의 회수 과정은 다음과 같다.

음식 판매, 신용카드 사용 시점(매출전표 취득)			
(차변) 매출채권	10,000원	(대변) 매출	10,000원

⬇

대금 회수 시점			
(차변) 현금	9,800원	(대변) 매출채권	10,000원
신용카드수수료*	200원		

* 일반 가맹점 신용카드 수수료는 평균 1.9%이지만 계산의 편의상 2%로 가정한다.

음식점을 운영하는 사장은 은행에 신용매출전표를 접수하고, 신용카드 수수료를 제외한 9,800원을 현금으로 회수하게 된다. 위의 사례만 본다면 매출채권 회수가 간단하게 느껴질 수 있다. 그러나 사업자가 큰 규모의 사업을 하거나 매출 구조가 다양할 경우에 매출채권을 회수하는 과정은 점점 더 복잡하고 어려워진다. 게다가 현금으로 즉시 지불받았을 때와 달리 신용카드 수수료를 공제한 다음 현금을 돌려받을 수 있으므로 이래저래 부담이 가중된다.

사업을 하게 되면 언제 무슨 일로 급하게 자금이 필요할지 알 수가 없다. 따라서 급한 일이 생겼을 때 당황하지 않고 이를 처리할 수 있도록 여유 자금을 가지고 있어야 한다. 그런데 제품을 만들고 서비스를 제공하기 위한 단계에서는 현금으로 비용을 지불한 뒤 나중에 이를 판매한 대금은 외상이나 어음으로 처리했을 경우 심각한 자금 압박을 받을 수 있다. 이를 해결하기 위해 대출을 한다면 이자 부담 또한 고스란히 본인의 몫이다. 외상매출금이나 받을어음은 현금화하기까지 이자가 생기지 않는다. 이자가 생기지 않는 돈을 제때 못 받아서 이를 메우기 위해 이자가 발생하는 돈을 써야 하는 셈이다. 이런 경우 만기가 되기 전에 금융기관을 통해서 매출채권을 할인한 후 현금으로 회수할 수 있지만 이때도 역시 일정 비율의 할인 금액을 지불해야 하는 까닭에 손해를 보게 된다.

3) 많이 팔았다고 다 좋은 것만은 아니다

단추 공장을 예로 들어보자. 단추 공장은 의류업체에 단추를 공급하고 있다. 의류업체가 모든 거래를 현금으로 하지 않는다면 단추 공장에서 발생하는 대부분의 거래는 매출채권을 발생시킨다. 거래처인 의류업체의 옷이 불티나게 팔릴수록 단추 공장에 더 많은 생산을 요청할 것이다. 이로 인해 단추도 불티나게 팔리면서 현금을 회수하는 속도보다 매출채권이 늘어나는 속도가 훨씬 빠르다. 그러다 갑작스레 의류업체가 부도의 조짐을 보인다면 어떻게 될까?

매출채권이 빠르게 회수된 상태에서는 공급계약을 중단할 수 있다. 그러나 미처 회수하지 못한 매출채권은 그대로 비용이 되거나 액면가 이하로 할인해서 판매할 수밖에 없다. 거래 구조가 복잡한 기업이라면 더 많은 위험에 노출될 것이다. 그렇다고 해서 거래 당사자의 신용이 의심된다는 이유만으로 갑자기 거래를 중단하기가 쉽지 않다. 큰 기업이 느닷없이 도산할 경우 거래 대상이 워낙 많은 까닭에 수많은 기업이 줄줄이 도산 위기에 처하기도 한다. 기업의 제품과 서비스가 소비자들로부터 호평을 받고 인기가 높아져 매출이 날로 올라가는 것은 분명 좋은 일이다. 하지만 매출이 증가함에 따라 현금이 유입되는 것이 아니라 매출채권이 증가한다면 자금의 흐름을 주의 깊게 들여다봐야 한다. 매출채권의 증가는 자금 부담으로 돌아올 수 있고, 거래 상대방의 상황에 따라 매출채권의 회수를 보장할 수 없는 일이 벌어질 수도 있기 때문이다.

4) 매출채권은 어떻게 관리해야 할까?

매출채권의 부실은 해당 기업의 손해로 직결된다. 그동안 사업을 잘 해오다가 거래처에 준 외상대금을 받지 못해 큰 손실을 입고 어려움을 겪는 기업을 종종 볼 수 있다. 이러한 사태를 예방하기 위해서는 거래 시작 전에 상대방의 자산이나 신용을 조사해 양질의 거래와 현금회수가 이루어질 수 있도록 하는 것이 좋다. 거래할 상대 기업을 사전에 충분히 파악함으로써 자본이나 신용도 그리고 현금흐름이 우량한 거래 대상과 거래하는 것이다.

사업자가 특정 제품의 제조와 납품을 의뢰받는 경우, 계약에 따라 대금 지급 기일이 결정되기도 한다. 이때는 거래 이후 계약서에 명시된 기일까지 대금 지급이 이루어진다. 그리고 가급적 대금 지급 기일을 짧게 설정해 빠른 시간 안에 현금회수가 가능하도록 하는 게 좋다.

한편 거래 방식에 따라 매출채권의 회수 가능성에 영향을 받는 경우도 있다. 신용카드 매출의 경우 대금 지급은 은행에서 책임을 지는 구조다. 그러나 거래 대금으로 거래 상대방이 아닌 제3자가 발행한 어음을 받았다면 거래 상대방뿐만 아니라 어음을 발행한 제3자의 신용도 또한 대금의 회수 여부에 영향을 주게 된다. 이 경우에는 현금이 회수되기 전까지 제3자의 신용도를 주의 깊게 관찰해야 한다.

2. 재고자산: 어느 정도 수준으로 가져가야 하나?

우리는 손님이 적은 음식점보다 손님이 많은 음식점을 선호한다. 손님이 많은 까닭에 신선한 재료를 사용해서 만든 음식을 제공하기 때문이다. 반면 손님이 적은 음식점은 사전에 마련해놓은 재료를 바로바로 소진하지 못한 채 냉장고에 보관해야 하므로 신선한 재료로 만든 음식을 내놓기가 어렵다.

음식점의 경우, 준비한 재료를 며칠씩 보관해 사용하다가 나중에 폐기한다 해도 영업에 치명적인 손실을 가져오지는 않는다. 그러나 이 같은 상황이 누적된다면 손실이 점점 불어날 것이고, 오랫동안 보관한 재료를 활용해서 만든 음식은 고객을 만족시키지 못할 것이므로 머지않아 경영에 큰 위기를 초래할 수 있다. 그렇다고 해서 남기지 않기 위해 재료를 너무 적게 준비하면 손님이 와도 음식을 팔지 못하는 상황이 발생할 수 있다.

재고를 적절히 유지함으로써 제품 생산에 차질을 빚지 않도록 하는 것은 참으로 중요하지만 그만큼 어려운 일이기도 하다. 가장 좋은 경우는 판매되는 물량을 예측해 적정한 물량을 구매하고 보유하는 것이다. 또는 입고되는 즉시 고객에게 출고되는 것이 가장 좋다고 생각할 수도 있다. 하지만 사업에서 불확실성에 완벽하게 대비하는 것은 불가능하다. 시장 상황은 계속 변하기 때문이다. 이러한 이유에서 모든 사업자는 자신의 제품과 재료인 재고자산에 대한 이해와 사업환경에 대한 이해가 필요한 것이다.

1) 재고자산은 무엇인가?

재고자산은 정상적인 영업 과정에서 판매를 위해 보유한 자산과 생산 과정에 있는 자산을 가리킨다. 판매업체에서는 판매를 위해 구입한 상품, 제조업체에는 생산이 완료된 제품과 원재료, 반제품과 제조가 진행 중인 재공품, 소모품 형태의 자산이 재고자산에 포함된다. 부동산 판매업자의 경우에는 판매하려고 구입한 부동산이, 건설업자의 경우 미분양 주택 등이 재고자산이다. 유의할 것은 판매나 제조 이외의 목적으로 보유하고 있는 것은 재고자산이 아니라는 점이다. 토지와 건물의 판매가 주된 영업활동이 아닌 기업이 보유하고 있는 토지나 건물은 유형자산이다.

2) 재고자산은 안 좋은 자산인가?

사업자에게 재고자산이 중요한 이유는 이 재고자산을 통해 현금을 창출할 수 있기 때문이다. 외부로부터 상품을 매입하여 판매하는 유통업체의 경우는 상품이 판매될 때까지 재고로 쌓이게 된다. 유통업체는 재고를 보관하는 창고비용과 함께 상품 가격의 하락까지 모든 위험을 부담한다.

이러한 위험은 유통업체만의 고민은 아니다. 요식업을 운영하는 사업자도 원료의 매입 단가를 낮추기 위해 원료를 대량 구매하는 경우가 많다. 대량 구매한 원료가 장기간 판매되지 않는다면 재고의 가치가 계속 하락하면서 악성 재고자산이 될 수도 있다.

이런 위험에도 불구하고 재고자산을 나쁘게만 볼 수는 없다. 사업자는 고객이 요구하는 수량에 즉시 대응할 수 있어야 한다. 앞에서 이야기한 것처럼 음식점에 손님이 들어왔는데, 판매할 재고자산이 없으면 손님을 그냥 돌려보내야 한다. 재료가 없어서 찾아온 손님을 되돌려 보내는 것만큼 속상한 일이 어디 있겠는가? 재고자산은 사업자에게 매출의 원천이기 때문에 필수적인 자산이지만, 악성 재고자산이 될 위험이 있는 양면성을 가진 자산이다. 사업자는 적정한 수준의 재고자산을 유지하는 것이 중요하다.

3) 재고자산은 어떻게 관리해야 할까?

적정한 재고 수준을 유지하기 위해 사업자는 재고자산이 과거에 어떤 속도로 팔려 나갔는지를 파악하고 있어야 한다. 이것을 알려주는 지표가 재고자산회전율과 회전기간이다. 재고자산회전율은 재고자산이 영업주기(보통 1년) 동안 어느 정도의 속도로 판매되고 있는지를 알려주는 활동성 지표다. 연간 매출액을 평균 재고자산으로 나눈 것으로 재고자산이 당좌자산으로 변화하는 속도를 나타낸다. 일반적으로 이 비율이 높으면 자본수익률이 높아지고, 매입채무가 감소되며, 상품의 재고 손실을 막을 수 있다. 하지만 너무 높으면 원재료와 제품 등의 부족으로 계속적인 생산과 판매활동에 지장을 초래할 수도 있다.

재고자산회전기간은 재고자산이 한 기업에 얼마나 머물러 있는지를 알려주는 지표다. 365일을 재고자산회전율로 나누어 계산한다. 이에 의해 재고자산에 대한 판매효율, 즉 구입한 원재료나 생산한 제품이 어느 정도로 잘 팔리고 있는가를 파악할 수 있으며, 나아가 자산이 얼마나 능률적으로 회전하고 있는가를 알 수 있다. 예를 들어 어느 기업의 재고자산회전기간이 30일이라고 가정해보자. 이러한 지표의 의미는 재고자산이 평균 30일 동안 기업에 머물러 있다가 판매된다는 것이다.

일반적으로 재고자산회전기간이 짧을수록 또는 재고자산회전율이 클수록 재고가 더 빨리 판매되는 것이기 때문에 현금흐름 창출 관점에서는 좋다고 할 수 있다. 다만 재고자산회전기간이 무조건 짧다고 좋은 것만은 아니다. 가령 원재료의 가치가 하락해 대량으로 원재료를 구매하는 경우 혹은 계절적 요인에 따라 단가 변동이 크거나 판매량에 변동이 있는 경우 재고자산회전기간이 길어질 수 있기 때문이다. 재고자산회전율과 재고자산회전기간을 이용하면 어느 정도 수준의 재고를 유지해야 할지 산정해볼 수 있다. 재고자산회전율을 비롯한 활동성비율에 대한 자세한 설명은 5장 '회계 숫자를 통한 경영분석'을 참고하기 바란다.

4) 재고자산 수량과 원가는 어떻게 결정되는가?

기초재고자산에 당기매입액을 더한 값은 매출원가와 기말재고자산을 더한 값과 같다. 재고자산과 관련해 다음과 같은 차변과 대변의 항등식이 성립한다.

차변	대변
기초재고자산	매출원가
당기매입액	기말재고자산

기말재고자산은 기말 시점에 기업이 보유한 전체 재고자산으로 재고자산의 수량과 단가를 곱해서 산출한다. 재고자산의 수량은 재고의 입고·출고를 계속해서 기록하는 방법인 계속기록법과 재고를 정기적으로 조사해 파악하는 방법인 실지재고조사법으로 구분된다. 계속기록법의 경우 입고·출고 때마다 기록하기 때문에 입고·출고의 통제 관리에 유용하지만, 도난이나 분실수량이 기말재고에 포함될 수 있는 단점이 있다. 이에 비해 실지재고조사법은 기말에 창고의 재고자산을 조사하고 수량을 파악하는 방법으로 적용이 간편하지만, 도난이나 분실 등 감소분에 대한 원인을 파악하기 어려운 단점이 있다.

재고자산의 단가는 통상적으로 선입선출법 또는 이동평균법을 사용해 결정한다. 선입선출법은 먼저 매입한 재고자산이 먼저 팔린다는 가정으로 매출원가나 기말재고액을 계산하는 방법이다. 먼저 매입한 물건부터 차례대로 판매되므로 이해하기가 쉽다. 이동평균법은 단가가 다른 여러 재고자산을 구입하는 경우, 기초금액과 매입금액의 합계를 총수량으로 나눠 평균단가를 결정한다. 매입 현황이 즉시 반영되기에 장부상 재고와 실제 재고의 차이가 적은 반면 시간과 수고가 많이 들어간다. 그 밖에 일정 기간의 재고자산 총액을 합계 재고수량으로 나눠 산출된 평균단가로 매출원가나 기말재고액을 계산하는 총평균법도 있다. 계산이 간단하지만 기말까지 기다렸다 계산해야 하므로 신속성이 떨어지는 단점이 있다.

재고자산은 평가방법에 따라서 매출원가가 달라져 이익에 중대한 영향을 미치게 된다. 재고자산 단가가 상승하는 시기에 선입선출법을 사용할 경우를 예로 들어보자. 기말재고자산은 나중에 입고된 자산으로 구성되기 때문에 평균법을 사용한 경우보다 기말재고자산 금액이 더 크다. 일반적으로 매출원가는 '기초재고자산 + 당기매입액 −기말재고자산'으로 계산한다. 기말재고자산이 클수록 매출원가는 감소해 이익이 증가한다. 이러한 원리에 의해 선입선출법을 사용하면 평균법을 사용해 계산했을 때보다 이익이 커질 수 있다.

3. 감가상각: 자산 사용기간에 따라 원가를 배분한다

자동차는 한번 구매하면 하루 이틀만 사용하는 것이 아니라 오랜 기간 동안 사람이나 물건의 이동을 위하여 사용하므로 비용이 아닌 자산의 성격을 가지고 있다. 이렇듯 장기적으로 영업활동에 사용하는 자산에 대해서는 구매 시점에 한꺼번에 비용으로 처리하지 않고, 감가상각 과정을 통해 비용을 분할해서 인식한다. 이렇게 자산 사용기간에 따라 배분한 비용을 감가상각비라고 한다.

1) 감가상각은 무엇인가?

감가상각은 자산의 감가상각 대상금액을 그 자산의 사용 기간에 걸쳐 체계적으로 배분하는 것을 말한다. 이는 1장 '회계 역사로부터 본 복식부기'에서 살펴본 바 있다.

예를 들어 누군가 커피숍을 창업한다면 커피를 내릴 수 있는 커피 머신이 필요하다. 이 커피 머신은 커피를 내려서 판매하기 위한 기계장비이며, 커피숍에서 반드시 갖춰야 할 필수 장비다. 회계에서는 커피 머신을 구매한 시점에 모두 비용으로 처리하지 않는다. 일정 기간으로 나눠서 비용으로 처리하는데, 그 기간을 내용연수耐用年數라고 한다. 이 내용연수에 걸쳐 사업자는 커피 머신에 대한 감가상각비를 인식하게 된다. 구체적인 사례를 통해 한번 살펴보자.

> [사례 1]　㈜충정커피는 2019년 1월 커피 머신 한 대를 600,000원에 구매해 커피를 팔기 시작했다. 커피 머신의 사용가능 기간, 즉 내용연수는 5년이고, 매출액 1,000,000원과 재료비 등 100,000원이 매월 동일하게 발생한다고 가정했을 때 발생하는 감가상각비와 이익은 얼마인가? (감가상각 방법은 정액법이다)

구분	2019년 1월	2019년 2월	2019년 3월
매출액(A)	1,000,000원	1,000,000원	1,000,000원
재료비 등(B)	100,000원	100,000원	100,000원
감가상각비(C)	10,000원 (600,000원 ÷ 60개월)	10,000원 (600,000원 ÷ 60개월)	10,000원 (600,000원 ÷ 60개월)
이익 (D=A-B-C)	890,000원	890,000원	890,000원

(주)충정커피의 2019년 3월 말 분기 재무상태표 유형자산(커피 머신)

취득원가 600,000원

감가상각누계액 (-)30,000원

장부 가액 570,000원

위의 표에서와 같이 매월 10,000원의 감가상각비가 계속해서 발생하는 것을 확인할 수 있다. 이처럼 취득한 자산을 매월 같은 금액의 감가상각비로 처리하는 방식을 정액법이라고 한다. 이에 반해 유형자산 잔액에 매월 일정한 비율을 곱해서 감가상각비를 계산하는 방식이 정률법이다. 이 방법은 유형자산 잔액이 체감하게 되어 있으므로 빠른 기간에 감가상각비를 많이 상각할 수 있다. 정액법은 연간 감가상각비가 균등한 반면 정률법은 초기에 감가상각비가 많이 발생하고 남은 내용연수가 짧아질수록 감가상각비가 지속적으로 하락한다. 어떤 방법으로 계산하느냐에 따라 손익이 흑자가 될 수도 있고 적자가 될 수도 있다.

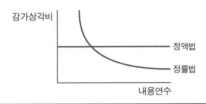

2) 어떤 자산에 감가상각이 필요한가?

기업에서 모든 자산에 대해 감가상각을 적용하는 것은 아니다. 유형자산과 무형자산으로 구분해 다음과 같이 감가상각의 대상을 별도로 정해 두고 있다.

1) 유형자산

　　① 건물(부속설비 포함) 및 구축물

　　② 기계 및 장치, 기타 유사한 유형고정자산

　　③ 선박 및 항공기

　　④ 공구, 기구 및 비품, 차량 및 운반구

2) 무형자산

　　① 개발비, 사용수익기부자산가액

　　② 디자인권, 상표권, 실용신안권, 특허권, 어업권, 광업권 등

위의 자산에 대해 감가상각을 할 때는 사용할 수 있는 기간인 내용연수를 정확히 추정하는 것이 중요하다.

3) 감가상각비는 어떤 비용 항목인가?

감가상각의 대상이 되는 설비투자는 초기에 자산으로 인식되지만 시간이 흐름에 따라 감가상각비(비용)로 인식된다. 특히 제조업의 경우에는 사업 초기에 기본적인 설비투자가 반드시 필요하다. 사업자는 설비투자를 통해 매출액 상승을 기대하기도 한다. 부가가치가 큰 반도체를 생산하는 기업은 짧은 기간에 대규모 투자를 집행하게 되고, 이로 인해 감가상각비가 급격하게 증가한다. 감가상각비가 급격하게 증가하면 매출액보다 매출원가가 더 커지는 경우가 발생하기도 한다. 감가상각비가 제품의 제조원가에 포함되기 때문이다. 제조활동에 사용된 설비에 대한 감가상각비는 우선 제품의 제조원가에 포함되어 재고자산으로 처리된다. 그리고 재고자산이 판매되면 감가상각비가 매출원가로 산정되어 비용으로 인식되는 것이다.

그러나 감가상각비가 제품의 원가로만 반영되는 것은 아니다. 본사 건물에 대한 감가상각비는 판매비와관리비에 포함된다. 즉, 제품의 제조를 위해 사용되는 제조설비·공장건물 등에서 발생한 감가상각비는 제조원가에 포함되고, 제품의 판매와 관리에 사용되는 본사 건물, 판매점 등에서 발생한 감

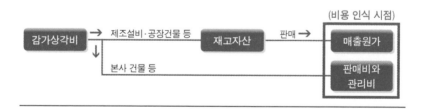

가상각비는 판매비와관리비에 포함되는 것이다.

4) 감가상각은 어떻게 관리해야 할까?

감가상각비를 제대로 관리하려면 감가상각비가 어떻게 반영되고 있는지를 이해해야 한다. 앞서 이야기한 것처럼 감가상각비는 매출원가와 판매비와관리비로 구분되어 처리된다. 제조업체의 경우, 제조설비의 투자와 제조활동에서 발생하는 매출원가에 감가상각비가 크게 반영될 것이다. 반면 제조설비보다는 판매나 유통을 위한 건물을 많이 보유하고 있는 기업의 경우에는 매출원가보다 판매비와관리비 쪽에 감가상각비가 더 많이 반영될 것이다.

이처럼 감가상각비는 우리가 어떤 사업을 하고 있는가에 따라 비용이 각기 다르게 발생한다. 따라서 감가상각비를 충분히 이해하고 있어야만 자신이 운영하는 사업체의 영업이익이 제대로 발생하고 있는지를 알 수 있다. 설비투자에 대한 계획도 감가상각비에 대한 고려가 제대로 이루어지지 않는다면 적자가 발생할 수도 있다.

감가상각으로 처리하는 기간인 내용연수는 곧 기업이 해당 자산을 사용할 수 있는 기간이다. 물론 내용연수가 감가상각을 측정하기 위한 기준이지 절대적으로 해당 기간에만 자산을 사용하는 것은 아니다. 설비투자가 잘 계획되고, 유형자산의 유지와 관리도 잘 되고 있다면 애초에 설정했던 내용연수보다 훨씬 오래 사용할 수 있다. 내용연수 기간이 5년으로 되어 있어도 관리를 잘 해서 10년 이상 사용한다면, 감가상각비가 처리되지 않는 나머지 5

년 동안은 경제적 이익이 더욱 커질 것이다. 이와는 반대로 예상된 내용연수보다 이른 시간에 설비의 사용이 중단된다면 단축된 기간만큼 회사의 비용 부담이 더 커지는 것이다.

사업자는 내용연수 후에 또 다른 투자가 필요하다는 것도 간과해서는 안된다. 가령 숙박업에 종사하는 사업자는 5년 혹은 10년 주기로 건물 외관 리모델링이나 내부 인테리어를 교체해야 한다는 점을 인식하고 있어야 한다. 예상 내용연수를 잘 채우는 것 못지않게 그 이후의 새로운 투자를 염두에 두고 장기적으로 감가상각비를 관리해야 한다는 이야기다.

원가를 계산할 때 감가상각비는 어떻게 처리해야 하는지에 대해서는 다음 4장 '경영 의사결정에 필요한 원가에 대해 알아보자'에서 보다 구체적으로 살펴보기로 한다.

4. 자본적 지출: 자산인가, 비용인가?

어떤 사업자가 캠핑장을 운영하고 있는데, 시공상의 하자로 인해 공용 수도의 배수시설이 원만하게 가동되지 않는다고 하자. 그러면 사업자는 캠핑장을 이용하는 고객을 위해 당연히 배수시설을 수리하거나 교체해야 한다. 이때 배수시설의 수리나 교체에 들어가는 지출은 자산일까? 아니면 비용일까? 결론부터 이야기하면 하수도를 전면적으로 정비하는 것은 자산이 될 수있지만 단순히 하수구의 불순물 차단망 정도를 교체하는 것은 비용이 된다.

정부가 도로나 주택 등 기반시설의 내용연수를 연장하기 위해 정비하고 보수하는 것처럼 기업에서도 감가상각자산에 대한 비용 지출 효과가 장기간에 걸쳐 발생하는 것을 자본적 지출로 처리한다. 감가상각자산에서 발생하는 지출이 어떻게 처리되는가에 따라 기업의 당기 이익이 달라질 뿐만 아니라 부과되는 세금도 달라진다. 자본적 지출이 자산인지 비용인지를 정확히 이해하고 있다면 감가상각자산에 대한 지출이 회계상에서 어떻게 처리되고 있는지를 이해할 수 있을 것이다.

1) 자본적 지출은 무엇인가?

　　자본적 지출은 사업자나 법인이 소유하는 감가상각자산의 내용연수를 연장시키거나 해당 자산의 가치를 현실적으로 증가시키기 위한 지출을 가리킨다. 쉽게 설명하자면 사업자가 지출을 통해 미래에 더 많은 돈을 벌 수 있는 경우 자본적 지출이 되는 것이다.

　　예를 들어 박 사장은 기계설비를 개량해 기존에 하루 100개를 생산하던 것을 150개 생산할 수 있게 되었다. 이 경우 박 사장이 추가로 돈을 더 벌 수 있게 된 것이므로 기계설비를 개량할 때 발생한 금액을 자본적 지출로 처리할 수 있다. 반면 기계장치의 성능을 유지하기 위해 정기적으로 나사를 교체하거나 윤활유를 보충하는 등의 수선을 한 것은 사업자가 추가로 돈을 더 벌 수 있게 해준 것이 아니므로 자본적 지출로 처리할 수 없다.

　　이와 같이 유형자산의 가치를 증가시키는 자본적 지출이 아니라 유형자산을 유지하고 보전하는 데 그치는 지출, 즉 당기 비용으로 처리되는 항목을 수익적 지출이라고 한다. 수익적 지출은 자본적 지출과 유사하게 보이지만 감가상각자산의 원상회복이나 개보수 작업 등과 같이 단순히 능률을 유지하는 데 지출하는 비용을 가리키는 것이다. 따라서 자본적 지출은 자산으로 계상하고, 수익적 지출은 수선비 등의 비용으로 계상해야 한다.

자본적 지출	수익적 지출
감가상각자산의 가치를 증가시키기 위해 지출한 비용	감가상각자산의 원상을 회복시키거나 능률을 유지하기 위해 지출한 비용

　자본적 지출의 회계처리는 재무상태표상 해당 감가상각자산의 취득원가로 처리된다. 감가상각자산은 내용연수에 따라서 비용을 배분해 처리하고, 자본적 지출도 자산과 함께 감가상각으로 처리되는 비용으로 이해할 수 있다. 만약에 사업자가 취득한 건물에 가치를 증대시키는 엘리베이터를 설치한 경우와 건물의 깨진 유리를 교체하는 경우는 다음과 같이 구분해 처리하게 된다.

[자본적 지출]

엘리베이터 설치			
(차변) 건물	1,000,000원	(대변) 현금	1,000,000원
결산조정(연간 200,000원 상각 가정)			
(차변) 감가상각비	200,000원	(대변) 감가상각누계액	200,000원

깨진 유리 교체			
(차변) 수선비	100,000원	(대변) 현금	100,000원

2) 어떤 경우를 자본적 지출로 볼 것인가?

회계에서는 유형자산의 취득 또는 완성 후의 지출이 자산의 인식 기준을 충족하는 경우(예: 생산능력 증대, 내용연수 연장, 상당한 원가절감 또는 품질향상을 가져오는 경우)에 자본적 지출로 처리한다. 반면에 수선유지를 위한 지출과 같은 경우는 비용으로 인식한다. 법인세법 시행령에서는 다음 중 어느 하나에 해당하는 것을 자본적 지출이라고 명시하고 있다.

1) 본래의 용도를 변경하기 위한 개조
2) 엘리베이터 또는 냉·난방장치의 설치
3) 빌딩 등에 있어서 피난시설 등의 설치
4) 재해 등으로 인해 멸실 또는 훼손되어 본래의 용도에 이용할 가치가 없는 건축물· 기계·설비 등의 복구
5) 그 밖에 개량·확장·증설 등 1)부터 4)까지의 지출과 유사한 성질의 것

하지만 위에서 살펴본 형태의 지출이 발생하더라도 다음과 같이 지출 금액과 비율, 수선 주기의 기준에 부합하지 않으면 이 또한 자본적 지출에 해당하지 않는다.

1) 개별 자산별로 수선비로 지출한 금액이 3,000,000원 미만인 경우

2) 개별 자산별로 수선비로 지출한 금액이 직전사업연도 종료일 현재 재무상태표상의 자산가액(취득가액에서 감가상각누계액을 차감한 금액)의 100분의 5에 미달하는 경우

3) 3년 미만의 기간마다 주기적인 수선을 위해 지출하는 경우

자본적 지출은 기업의 규모가 클수록, 그리고 설립된 지 오래된 기업일수록 많이 발생할 수밖에 없다. 특히 통신 인프라 공급업체의 경우 매출이 시설과 장비에 크게 의존한다. 최근에는 5G와 관련해 통신업계가 뜨겁게 달아오르고 있다. 4G에서 5G로 넘어가기 위해 통신업체는 5G 기지국과 같은 인프라 투자를 우선으로 하고 있다. 이러한 인프라 투자는 통신업체의 망 안정성이라는 가치를 증대시키는 자본적 지출이 된다.

한편, 법인세법 시행규칙에 따르면 수익적 지출은 다음과 같은 지출을 가리킨다.

1) 건물 또는 벽의 도장

2) 파손된 유리나 기와의 대체

3) 기계의 소모된 부속품 또는 벨트의 대체

4) 자동차 타이어의 대체

5) 재해를 입은 자산에 대한 외장의 복구도장 및 유리의 삽입

6) 기타 조업 가능한 상태의 유지 등 1) 내지 5)와 유사한 것

3) 자본적 지출은 어떻게 관리해야 할까?

사업하는 사람들은 자본적 지출을 통해 비교적 장기간의 수익을 기대하지만 현실적으로 단기간에 많은 금액을 지출한다는 점에서 이 같은 결정을 주저할 수 있다. 그러나 자본적 지출은 고층 건물에 엘리베이터를 설치하는 것처럼 반드시 필요한 일인지 그리고 사업에 얼마나 큰 가치를 보장해줄 수 있을지를 고려해서 결정해야 한다. 특히 한정된 자원으로 빠른 성장을 이루어야 하는 초기 창업자의 경우, 현금 지출과 이로 인해 발생할 것으로 기대되는 수익을 면밀하게 비교해야 한다. 자본적 지출을 결정하는 데 있어 더욱 신중해질 필요가 있다는 이야기다.

사업을 막 시작했을 때는 필수적인 자본적 지출 외에는 이 부분에 많은 예산을 책정하지 않는 것이 좋다. 사실 예산을 책정할 여력이 없을 가능성이 크다. 엘리베이터도 자본적 지출이 될지, 수익적 지출이 될지는 자신이 어떤 사업을 하고 있는지, 어디에 설치할 것인지에 따라 달라진다. 한편 자본적 지출로 처리되지 않고 수익적 지출로 처리되는 경우에는 전액 그 해의 비용으로 인식하므로 이익이 감소되어 세금도 적어지게 된다.

5. 부채: 약이 될 수도 있고 독이 될 수도 있다

우리 속담에 "외상이면 소도 잡아먹는다"는 말이 있다. 별일 아닌 것처럼 조금씩 빚을 지다 보면 어느새 빚이 눈덩이처럼 불어나 집안에서 가장 큰 재산인 소까지 빚쟁이에게 넘겨줄 수 있다는 말이다. 이보다 좀 점잖은 속담으로 "빚지고는 못 산다"는 말도 있다. 모두 빚을 경계하는 속담이다. 열심히 일해서 자기가 번 돈으로 먹고살아야 아무리 어려운 일이 닥치더라도 절대 빚으로 문제를 해결하려고 해서는 안 된다는 경고다. 누군가에게 돈을 빌리거나 금융기관으로부터 대출을 받는 일을 즐기거나 반기는 사람은 별로 없을 것이다. 어쩌다 빚을 지면 왠지 주눅이 들고, 가능한 한 이를 빨리 갚기 위해 안절부절할 수밖에 없는 게 보편적 심리다. 주머니에 내 돈이 두둑해야 안심이 되는 것이다.

하지만 사업의 세계에서는 그렇지가 않다. 자본주의 사회에서 부채 없이 회사를 경영한다는 것은 상상하기 어렵다. 모든 것을 내 돈으로 다 해결할 수 없는 게 사업이다. 문제는 부채를 어떻게 이용하고 관리하느냐 하는 것이다. 금융기관에서 좋은 대출상품을 적시에 잘 이용하고, 양질의 투자자로부터 적절한 투자를 받아 기업의 자금이 넉넉하게 돌아갈 수 있도록 경영하는 것은 사업자의 능력이다. 부채는 성격에 따라서 약도 독도 될 수 있다.

1) 부채는 무엇인가?

회계에서 말하는 부채는 일반적으로 알고 있는 빚보다 더 포괄적인 개념이다. 부채는 자금이 어디서 어떻게 조달되는지를 나타내는 지표가 된다. 자본은 갚을 필요가 없는 돈이지만 부채는 미래에 갚아야 할 돈이다. 그래서

자본은 자기자본이라 하고, 부채는 타인자본이라 한다. 재무상태표에 나타
난 항목 중 원재료를 외상으로 사 온 매입채무, 회사 비품을 외상으로 들여
온 미지급금, 금융기관으로부터 빌린 차입금 등이 대표적인 부채다.

부채는 크게 유동부채와 비유동부채로 구분된다. 사업자는 타인자본인
부채를 영원히 사용할 수 없는 노릇이다. 당연히 갚아야 하는 상환 기간이
존재한다. 상환 기간이 단기간 내에 도래하는 부채를 유동부채라 하고, 상환
기간이 긴 채무를 비유동부채라 한다. 기업에서는 보통 1년을 기준으로 이
를 분류한다. 하지만 결국 비유동부채도 상환 기간이 1년 이내로 도래하면
유동부채로 변경된다. 대표적인 유동부채는 외상매입금, 지급어음, 선수금,
단기차입금, 미지급금, 선수수익, 미지급비용, 예수금, 미지급법인세 등이
며, 대표적인 비유동부채는 사채, 장기차입금, 관계회사차입금, 퇴직급여충
당부채 등이다.

자산	부채	유동부채(상환 기간이 1년 이내)
		비유동부채(상환 기간이 1년 이상)
	자본	

2) 어떤 경우에 부채가 약이 될까?

보통 대출은 없을수록 좋다고 생각한다. 하지만 괜찮은 투자안이라면 부
채가 있을수록 투자한 금액 대비 수익률은 높아진다.

건물에 투자하는 경우를 생각해보자. 상가 A의 가격은 5억 원이고 상가 B

는 3억 원이다. 둘 다 월세는 1년 투자액의 5%이다. 자본금은 3억 원이며 자
본금을 초과하는 금액은 대출을 받아야 한다. 상가 A는 크기 때문에 청소 등
관리하는 비용이 매월 50만 원이고, 상가 B는 30만 원이다. 상가를 담보로
한 대출 이자는 3%라고 가정하자.

	상가 A 투자	상가 B 투자
투자액(A)	300,000,000원	300,000,000원
수익(B) 월세	500,000,000원 × 5% = 25,000,000원	300,000,000원 × 5% = 15,000,000원
원가(C) 이자비용 관리비용	200,000,000원 × 3% = 6,000,000원 500,000원 × 12개월 = 6,000,000원	0원 300,000원 × 12개월 = 3,600,000원
이익(D=B-C)	13,000,000원	11,400,000원
수익률(E=D÷A)	13,000,000원 ÷ 300,000,000원 = 4.3%	11,400,000원 ÷ 300,000,000원 = 3.8%

위의 표*에 나타나 있듯이 가지고 있는 3억 원에 2억 원을 더 대출받아
상가 A에 투자하면 연 4.3%의 수익률을 올릴 수 있지만, 대출 없이 가진 돈
3억 원만으로 상가 B에 투자하면 연 3.8%의 수익률에 그친다. 만일 상가 A
에 투자했을 때 받을 수 있는 월세가 이상 없이 유지될 수 있다면 대출을 받
아 투자하는 것이 더 유리하다. 이를 **부채의 레버리지 효과**라고 한다. 타인자본
을 지렛대 삼아 자기자본 이익률을 높이는 것으로 **지렛대 효과**라고도 한다.

---

* 관련 세금(취득세, 등록세, 소득세 등) 및 투자액에 대한 기회비용은 무시하도록 한다. 이를 모두 고
  려해도 상대적인 수익률 비교 결과는 달라지지 않는다.

3) 어떤 경우에 부채가 독이 될까?

부채를 이용해 더 큰 이익을 남길 수 있는 것은 분명하지만, 사업에 있어서 불확실성은 언제나 존재하고, 환경이 나빠질 때 부채가 사업자를 아프게 할 수 있다. 만약 상가에 투자를 했는데, 갑자기 경기가 나빠져 세입자가 유지되지 못할 때를 가정해보자. 각 경우에 발생할 손실액은 다음과 같다.

	상가 A 투자	상가 B 투자
투자액(A)	300,000,000원	300,000,000원
수익(B) 월세	0원	0원
원가(C) 이자비용 관리비용	200,000,000원 × 3% = 6,000,000원 500,000원 × 12개월 = 6,000,000원	0원 300,000원 × 12개월 = 3,600,000원
손실 (D=B-C)	(-)12,000,000원	(-)3,600,000원
수익률 (E=D÷A)	(-)12,000,000원 ÷ 300,000,000원 = (-)4.0%	(-)3,600,000원 ÷ 300,000,000원 = (-)1.2%

만일 생각했던 수익을 얻지 못한다면, 상가 A에 투자한 경우 4%나 손실을 보지만 상가 B에 투자한 경우 1.2%의 손실에 그친다. 자기자본만으로 투자하는 것보다 대출을 받아 더 좋은 투자안에 투자하는 경우 이익이 훨씬 크지만 해당 투자안이 생각만큼 수익을 내지 못했을 때는 손실도 훨씬 크다. 따라서 부채를 이용해서 더 좋은 투자안에 투자하는 것은 훨씬 큰 수익을 가져

올 수 있으므로 두려워할 필요는 없지만, 해당 투자안이 당초 예상한 대로 지속적인 수익을 낼 수 있을 것인지를 꼼꼼하게 살펴봐야 한다.

4) 부채는 어떻게 관리해야 할까?

사업을 하다 보면 갖가지 사유로 은행 같은 금융기관을 통해 대출을 이용하는 경우가 많다. 그러나 부채에는 금융기관을 대상으로 한 부채만 있는 것이 아니다. 거래처에서 발생한 부채도 있고, 회사 내부 직원에 대한 부채도 있다. 회사 사정이 좋아져 부채를 상환할 수 있게 되었을 때 이 가운데 어느 것을 먼저 상환하는 게 좋을지 꼼꼼하게 따져봐야 한다.

먼저 부채의 유형에 따라 어떤 부채를 상환하는 것이 자신의 사업에 가장 유리할 것인지 우선순위를 고려해야 한다. 거래처에서 발생한 부채에 대한 상환을 우선순위로 하는 것이 앞으로의 거래와 영업활동에 더 유리하게 작용할 수도 있다. 아니면 장기적인 관점에서 금융기관 부채를 우선 상환하는 것이 기업 신용 평가에 긍정적일 수도 있고, 회사 직원들의 사기와 분위기를 고려해 내부 직원에 대한 부채를 우선 상환하는 것이 좋을 수도 있다. 외부 차입의 경우에는 사업을 통해 상환할 수 있는 적절한 차입 기간도 고민해야 한다.

어떤 사업을 하든지 간에 사업자는 자신이 감당할 수 있는 범위 안에서 합리적으로 부채 관리를 하는 게 좋다. 그렇지 않으면 기업 내부의 목표 달성도 어려울뿐더러 외부 투자가 필요할 때 굉장히 불리하게 작용할 수 있다.

특히 외부 투자를 유치해 큰 성장을 이루고자 하는 스타트업이나 벤처기업의 경우는 부채 관리에 대한 노력을 멈춰서는 안 된다.

부채는 잘 사용하면 기업에 보약 같은 존재가 될 수 있으나 잘못 사용하면 치명적인 독이 될 수도 있다. 부채가 적다고 무조건 좋은 것은 아니지만, 적절한 부채 수준을 유지하기 위한 관리와 노력이 필요한 것이다.

6. 영업이익: 영업활동으로부터의 이익과 회사 선제의 이익을 구분하자

사업을 시작하면서 자금의 여유가 있는 사람은 자기가 모은 돈을 활용하지만, 자금이 부족한 사람은 돈을 빌려서 시작한다. ㈜충정커피가 커피숍을 시작하면서 3,000,000원의 창업비용을 전액 자기자금을 들인 경우와 지인으로부터 연리 5%에 빌려서 사업을 하는 경우를 나누어 생각해보자. 해당 기간에 1,000,000원의 매출을 일으키고 900,000원을 비용으로 쓴 경우(이자비용 제외), 자기자본만 투자한 경우에는 100,000원의 이익이 나지만 돈을 빌린 경우에는 이자비용 150,000원을 생각하면 50,000원의 손해를 보게 된다. 커피를 판매하는 활동으로부터의 이익은 차이가 나지 않지만, 이자비용 때문에 회사 전체의 손익(이익과 손실)이 달라진 것이다.

이 경우에 커피사업은 이익이 남는 사업이라고 보아야 할까? 아니면 손해가 나는 사업이라고 봐야 할까? 이런 고민은 손익계산서의 영업이익을 이해함으로써 해결이 가능하다.

1) 영업이익은 무엇인가?

영업이익은 사업체의 주된 영업활동으로부터 발생한 이익을 이야기한다. 반대로 위의 예의 이자비용같이 주된 영업활동이 아닌 활동으로부터 발생한 수익과 비용은 영업외수익과 영업외비용이라 한다. 일정 기간의 경영성과를 나타내는 손익계산서는 주된 영업활동에 따라 영업항목과 영업외항목이 구분되어 있다. 따라서, 커피사업이 이익이 남는 사업인지 아닌지를 판단할 때는 주된 영업활동에 대해 먼저 고려해봐야 한다. 주된 영업활동의 개념은 상대적일 수 있다. 은행과 같이 자금을 조달해 이자를 주고, 대출을 해서 이자수익을 얻는 사업의 경우에는 주된 영업활동이 자금의 조달과 대여이므로 이자수익과 이자비용이 영업이익을 구성하는 항목이 될 것이다.

위의 예를 손익계산서로 표시하면 다음과 같이 표시된다. 이렇게 손익계산서를 작성하고 나면 커피를 판매하는 활동은 이익이 나지만, 빚을 낸 경우에 이자를 감당할 정도의 이익은 나지 않는다라고 해석할 수 있게 된다.

[㈜충정커피의 손익계산서]

자기자금 조달의 경우		차입 조달의 경우	
매출	1,000,000원	매출	1,000,000원
매출원가	(-)300,000원	매출원가	(-)300,000원

자기자금 조달의 경우		차입 조달의 경우	
매출총이익	700,000원	**매출총이익**	700,000원
판매비와관리비	(−)600,000원	판매비와관리비	(−)600,000원
영업이익	100,000원	**영업이익**	100,000원
영업외비용	0원	영업외비용(이자비용)	(−)150,000원
법인세차감전순이익	100,000원	**법인세차감전순이익(손실)**	(−)50,000원

※ 이해를 쉽게 하기 위해 커피를 판매하는 데 300,000원의 원가와 임대료, 인건비 등 600,000원의 판매비와관리비
가 들었다고 가정했다.

이번에는 커피판매가 잘 안 되서 850,000원어치만 팔렸는데, 누군가가 커
피 내리는 기계를 살 수 있도록 소개해달라고 하더니 100,000원을 수고료로
주었다고 해보자. 이 경우 손익계산서는 다음과 같이 바뀐다.

[㈜충정커피의 손익계산서]

자기자금 조달의 경우		차입 조달의 경우	
매출	850,000원	매출	850,000원
매출원가	(−)300,000원	매출원가	(−)300,000원
매출총이익	550,000원	**매출총이익**	550,000원
판매비와관리비	(−)600,000원	판매비와관리비	(−)600,000원
영업이익(손실)	(−)50,000원	**영업이익(손실)**	(−)50,000원
영업외수익(수수료)	100,000원	영업외수익(수수료)	100,000원
영업외비용	0원	영업외비용(이자비용)	(−)150,000원
법인세차감전순이익	50,000원	**법인세차감전순이익(손실)**	(−)100,000원

※ 매출원가 등에는 감가상각비 등이 있어서 비례적으로 변동하지 않을 수 있다. 여기에서는 매출원가 300,000원과 판
매비와관리비 600,000원이 일정하다고 가정했다.

이 경우에는 이자가 안 나가는 경우에도 커피사업으로 이익을 남긴 것은 아니다. 영업활동으로 고려되지 않은 과외활동으로 이익이 난 것임을 손익계산서를 통해 알 수 있다. 물론 이 경우에 커피머신 중개사업으로 사업을 확장하는 방안이 있을 수는 있다.

2) 영업이익은 왜 구분해서 보는 것이 좋은가?

우리가 사업의 수익성을 볼 때는 특별한 상황의 발생 여부나, 사업과는 관련 없는 여건이 사업에 미치는 영향을 제거하고 보아야 한다. 그래야 진정한 **사업성**을 파악할 수 있다.

주된 영업활동이 돈을 벌어주는 사업인지 아닌지, 그리고 수익이 남거나 손해가 날 때 그 원인이 어디 있는지를 구분해서 볼 수 있는 지표를 손익계산서의 **영업이익** 항목에서 읽어낼 수 있다.

이제까지 영업이익을 설명했는데, 다음과 같은 의문이 생길 수 있다. 영업외항목은 일상적이지 않은, 가끔 일어나는 일을 말하는 것인가? 이 질문에 답하기 위해 앞서 살펴본 예를 생각해보자. 커피머신을 중개하는 일은 일상적으로 일어나는 일이 아니다. 그리고, 영업외항목으로 구분되었다. 한편, 이자비용은 매달 발생하고, 매달 또는 3개월 단위 등으로 지출된다. 주기적(경상적)으로 지출되는 비용이다. 그런데, 이자비용도 영업외비용이다. 반대로 여유 자금이 있어서 은행에 넣어두었는데 3개월마다 이자가 생긴다면 이 이자수익은 영업외수익이다. 한편, ㈜충정커피의 경우 임대료는 매달 나가는 특성(경상성)을 가지고 있지만 판매와관리비에 포함되어 영업이익에 영향을 준다. 여기서, 일상적인 발생 여부(경상성)와 영업항목의 구분은 약간 다르다는 것을 알 수 있다.

이런 점을 고려하면 영업으로부터의 이익인지 아닌지를 구분하는 것에 더해 영업외항목이라도 일상적인 지출이나 수입이 생기는 항목인지를 추가로 고려할 필요가 있다는 것을 알 수 있다.

7. 현금흐름: 이익과 현금흐름은 다르다

기업에서의 현금흐름은 마치 몸속에서 피가 흐르는 것과 유사하다. 몸속의 피는 우리 몸에 필요한 영양을 신체 곳곳에 전달해준다. 몸속에서 피가 잘 흐르지 않으면 몸속 장기의 기능이 점점 떨어지고, 결국 병에 걸리거나 죽을 수밖에 없다. 기업도 마찬가지다. 기업의 현금흐름이 원활하지 않으면 영업을 지속할 수 없고, 결국에 파산하게 되는 것이다.

실적도 좋고, 재무상으로도 괜찮아 보이는 기업이 갑자기 부도가 나는 경우를 본 적이 있을 것이다. 이를 흑자도산이라고 한다. 흑자도산은 말 그대로 장부상으로는 이익을 남기고 있는데도 불구하고, 현금이 부족해 채무를 상환할 수 없어 도산하는 경우를 말한다. 알고 보면 흑자도산도 다양한 이유로부터 발생한다. 흑자도산의 사례를 살펴보면 현금흐름과 관련이 깊고, 회계장부상의 이익이 현금흐름과 반드시 일치하지 않는다는 것을 보여준다.

1) 현금흐름은 무엇인가?

현금흐름은 현금과 현금성자산의 유입과 유출을 의미한다. 현금흐름은 기업 경영에 따른 현금의 움직임이다. 자금이 들어오면 현금유입, 자금이 나가면 현금유출이다. 그리고 기업에 있어 일정 기간의 현금유입과 현금유출의 차이를 순현금흐름이라고 한다. 순현금흐름이 바로 여기서 이야기하는 현금흐름이다.

사업자는 일반적으로 매월 인건비와 임대료, 전기요금 등의 관리비를 부담한다. 또한 분기마다 매출에 대한 부가가치세도 납부해야 한다. 사업자에게 대출이 있는 경우에는 상환 기일이 도래했을 때, 원금도 상환해야 한다. 이렇게 수많은 비용을 지출해야 할 시점에 현금이 부족하다면 어떻게 될까? 곧 들어올 돈, 조금 있으면 현금화할 수 있는 돈은 아직 돈이 아니다. 현재 나와 내 회사가 가지고 있는 현금이 진짜 돈이다. 사업자가 보유한 현금이 부족하지 않도록 적절하게 유지하는 것이 현금흐름에 대한 관리다.

1장 '회계 역사로부터 본 복식부기'에서 살펴본 것처럼 현금흐름은 일정한 회계기간에 발생한 영업활동, 투자활동, 재무활동으로 인한 현금흐름으로 분류할 수 있다. 이를 합한 것이 바로 현금 잔고의 변화다.

2) 이익과 현금흐름은 왜 다른가?

매출채권에서 알아보았듯이 수익으로 인식한 것 중에 실제 현금으로 들어오지 않은 것이 있다. 회계에서 이익에 대한 계산은 발생주의 기준으로 처리하기 때문에 현금유입과 현금유출에 상관없이 거래가 발생한 시점에 수익과 비용을 인식한다. 그러나 현금흐름의 경우에는 예외적으로 현금주의를 기본 원칙으로 한다. 이 현금주의는 실제 현금유입과 유출이 발생한 시점에 수익과 비용을 인식하기 때문에 발생주의 기준의 이익과 차이가 나는 것이다.

일반적인 소매거래를 통해 이익과 현금흐름의 차이를 쉽게 이해할 수 있다. 다음 사례를 살펴보자.

[사례 2]　전자상가의 노트북 컴퓨터 판매점에서는 마우스를 개당 5,000원에 구입해 개당 10,000원에 20개를 외상 판매해 매출채권이 발생했다. 이 거래 전에 노트북 컴퓨터 판매점은 1,000,000원의 현금을 보유하고 있었다. 거래가 발생한 시점에 노트북 컴퓨터 판매점의 손익장부와 현금흐름을 정리해보자.

노트북 컴퓨터 판매점의 손익	노트북 컴퓨터 판매점의 현금흐름
(계산) (매출 10,000원 - 매출원가 5,000원) × 20개	(계산) 마우스 구입으로 인한 현금유출 100,000원 + 매출로 인한 현금유입 0원
순이익 100,000원	순현금흐름 (-)100,000원

단순하게 생각하면 노트북 컴퓨터 판매점이 100,000원(=5,000원×20개)에 마우스를 구입해 200,000원(=10,000원×20개)에 팔았기 때문에 현금 보유가 1,100,000원이 된다고 생각할 수 있다. 그러나 이익과 현금흐름은 인식의 기준이 다른 까닭에 매출이 발생했음에도 불구하고 매출채권을 회수하기 전까지 노트북 판매점이 보유한 현금은 900,000원으로 오히려 줄어드는 것이다.

3) 현금흐름이 왜 중요한가?

영업이익과 당기순이익도 중요하다. 하지만 영업이익이나 당기순이익은 실제 현금흐름을 완벽하게 반영하지 않는다. 현금흐름은 영업이익과 당기순이익이 보여주지 못하는 실제 현금유입과 현금유출을 보여준다는 측면에서 매우 중요하다.

현금흐름은 이익과 함께 비교해 사용했을 때 순자산의 변화나 지급 능력 등 미래에 창출할 수 있는 이익을 예측할 수 있게 한다. 수치상으로는 같은 이익이더라도 더 가치가 있는 이익을 평가할 수 있다는 의미다. 당기순이익 대비 영업현금흐름의 비중이 클수록 이익의 질이 높다고 할 수 있다. 앞서 살펴본 노트북 컴퓨터 판매점이 기록한 200,000원의 매출에 대하여 바로 현금으로 지급받은 경우와 외상으로 거래한 경우는 같은 100,000원의 이익일지라도 그 가치가 다른 개념이라고 이해하면 된다.

그리고 흑자도산과 채무에 대한 이행의 측면에서도 현금흐름은 더없이 중요하다. 아무리 잘되는 사업이라도 현금유입이 없다면 채무를 이행할 수 없다. 결국 사업자는 채무에 대한 지급이 적시에 가능할지 현금흐름을 통해서 파악해야 한다. 그리고 이익과 현금흐름의 차이가 발생하는 원인을 살펴보면서 그 차이가 해소될 수 있는지와 언제 해소될 것인지를 파악하면, 미래에 얼마의 현금을 창출할 수 있는지와 앞으로 어느 정도의 여유 현금을 가지고 있어야 할지를 예측하는 데 도움이 될 것이다.

4) 현금흐름은 어떻게 관리해야 할까?

창업 초기에는 오로지 내가 만든 제품을 많이 파는 것에만 집중하다 보니 판매대금을 언제 회수할지에 대한 고민을 미처 하지 못한다. 하지만 매출이 발생하기 시작하면 대금을 회수하는 데 걸리는 시간이 얼마나 되는지 잘 생각해봐야 한다. 대금의 회수가 늦어지고 있다면 영업이 마지막까지 완벽하게 수행되지 못하고 있다는 의미인 것이다.

현금유입에 대한 관리는 그 과정을 간소화하는 것이 핵심이다. 사업자는 제품을 판매한 후에 최대한 빠르게 거래명세서를 제공하고, 현금을 확보하는 데 걸리는 시간을 최소화하는 것이 필요하다. 거래처에서의 대금 지급 기간이 오래 걸릴수록 사업자가 당장 확보할 수 있는 현금 규모가 작아지고, 필요한 현금을 조달하기 어려워진다.

현금유출에 대한 관리는 유출을 합리적인 수준으로 줄일 수 있는 영역을 찾아내는 것이 급선무다. 이런 영역을 찾아낸다면 사업자는 더 많은 현금을 확보할 수 있다. 특히 현금유출의 관리가 중요한 이유는 현금유입은 쉽지 않고, 현금유출은 쉽게 이루어지기 때문이다. 줄 돈은 정확하게 지급해야 하지만 받을 돈은 받기 어려운 것과 유사한 맥락이다. 사업자는 항상 영업이 이상적으로 돌아가기를 바라지만 현실에는 늘 어려움이 존재하기 마련이다.

자영업자나 소상공인의 경우 1인 기업이거나 소수의 직원만으로 사업을 꾸려나가는 게 태반이다. 그러다 보니 어지간한 일은 사업자 본인이 스스로 해결해야 한다. 자기 사업에 관한 한 모든 것을 다 알아야 하며, 사업과 무관한 것처럼 보이는 일까지 능수능란하게 처리해야 한다. 그래서 이렇게 알쏭달쏭한 문제들도 두루 꿰뚫고 있어야 하는 것이다. 자영업자나 소상공인은 세상에 믿을 건 나밖에 없다고 생각하는 게 옳다. 누구에게 의지하지 말라는 이야기다. 끝없이 공부하고 노력하고 도전하지 않으면 승부가 나지 않는다.

다음 3장 '세금, 얼마나 어떻게 내야 하나?'는 세금에 관해 알아보는 시간이다. 한 치 앞을 알 수 없는 자영업자와 소상공인에게 세금은 아무리 강조해도 지나치지 않을 만큼 중요하다. 세금을 잘 이해해서 절세를 하면 경영에 큰 도움이 되지만 이해가 부족해서 감면받을 수 있는 세금을 계속 낸다면 경영에 큰 손실을 초래할 수 있다. 연구하면 절세의 길이 보인다. 사업자가 공인회계사 등의 전문가는 아닐지라도 내 사업체에서 발생하는 세금에 관해서는 얼마든지 전문가가 될 수 있다.

• **김이동 전무**는 서울대학교 경영학과를 졸업하고 2000년 삼정회계법인에 입사해 회계감사, 투자자문, 기업인수합병, 가치평가 업무를 수행하고 있다. 대기업 구조조정, 사모펀드, 해외투자와 관련한 자문에도 집중하고 있다.

• **박상원 이사**는 고려대학교 신문방송학과를 졸업한 후 2016년 삼정회계법인에 입사했으며 스타트업의 성장을 돕는 스타트업 이노베이션 센터(SIC) 리더이다.

3장

세금,
얼마나 어떻게 내야 하나?

조한철 삼일회계법인 파트너, 한국공인회계사회 조세이사, 공인회계사
공성덕 삼일회계법인 디렉터, 공인회계사

세금, 얼마나 어떻게 내야 하나?

조한철(삼일회계법인 파트너, 한국공인회계사회 조세이사, 공인회계사)
공성덕(삼일회계법인 디렉터, 공인회계사)

처음 사업을 시작하는 사람에게 있어 가장 어려우면서도 부담스러운 분야 중 하나가 바로 세금이다. 사업장 소재지를 관할하는 세무서를 방문해 사업자등록 신청서를 쓸 때부터 눈앞이 캄캄해진다. 업태와 종목은 어떻게 구분해야 하는지, 일반과세자와 간이과세자가 어떻게 다른지, 영세율사업자는 뭐고 면세사업자는 뭔지, 개인사업자가 내야 할 세금은 어떤 게 있으며 언제 얼마나 내야 하는지, 잘 몰라서 제때 세금을 내지 않거나 세무신고가 잘못되었을 경우 처벌을 받지는 않는지, 합법적인 범위 안에서 세금을 알뜰히 절약해 내는 특별한 방법은 없는지 등 궁금한 것이 한두 가지가 아니다. 제품을 만들고 영업을 시작해서 매출이 발생하면 전자세금계산서는 어떻게 발행하는 것이 좋을지, 프리랜서에게 지급하는 비용의 경우 원천징수를 얼마나 해야 할지 우왕좌왕할 때가 많다. 세무서에서 세금고지서가 날아오거나 국세청에 세무신고를 해야 할 때가 다가오면 머리가 지끈거린다. 비용을 절약하기 위해 국세청 홈페이지인 홈택스에 들어가 직접 세무신고를 하려고 하면 모르는 것이 너무 많아 한 페이지를 작성하는 데 몇 시간씩 걸리기 일쑤다. 그러다가 클릭 한 번 잘못하면 애써 작성해놓은 서류가 몽땅 날아가 버리기도 한다. 경리 직원이 있고 공인회계사 등 전문가의 도움을 받더라도 사업자라면 자기 사업장에서 발생하는 세금과 그 처리 방법에 대해 기본적인 사항을 알고 있어야 한다. 도저히 넘을 수 없을 거라 생각했던 세금이라는 이름의 장벽, 알고 보면 결코 철옹성이 아니다. 차분하게 하나씩 원리를 이해하면서 터득해나가다 보면 세금 정복의 길은 머지않아 반드시 열릴 것이다.

1. 창업하는 사업자가 내는 세금에는 어떤 것들이 있나?

현재 우리나라의 세금은 소득세, 법인세, 부가가치세 등 그 종류가 총 25가지에 달한다. 세금의 종류별로 과세대상, 계산 구조, 납부기한 등이 천차만별이기 때문에 이제 막 첫걸음을 뗀 사업자라면 새롭게 직면하는 세금 문제들이 어렵고 복잡하게 느껴질 수 있다. 이에 3장에서는 신규 사업자를 위한 유익한 세무 정보에 대해서 살펴보고자 한다.

신규 사업자가 기본적으로 알아야 할 주요 세금의 내용을 간략히 요약하면 다음과 같다. 신규 사업자가 내야 하는 세금과 관련해서 세법에 따라 지켜야 할 의무와 각종 조세지원제도 그리고 납세자의 권리 등에 대해서 미리 알아둘 필요가 있다.

구분	세금 개요	세율	신고·납부기한
종합소득세 (사업소득)	1년간 개인의 총수입금액에서 필요경비를 차감한 사업소득에 대한 세금	6~42%	다음 연도 5월 31일까지*
법인세	1개 사업연도(회계기간) 동안 법인이 얻은 모든 소득에 대한 세금	10~25%	사업연도 종료일 이후 3개월 이내*
부가가치세	일정 기간 동안 물품 등을 판매하면서 사업자가 얻는 부가가치에 대한 세금	10%	(법인) 1년에 4회 (개인) 1년에 2회
원천세	급여 등을 지급할 때 미리 소득세나 법인세를 징수하고 소득자를 대신해 국가에 납부하는 세금	소득 유형별로 상이	지급일이 속하는 날의 다음 달 10일(원칙)

* 성실신고확인대상 사업자·법인이 성실신고확인서 제출 시 1개월 연장

　이번 3장에서 다루는 세법 내용은 신규 사업자가 알기 쉽게 요약하거나 간략하게 정리한 것이므로, 실제 세무 처리에 앞서 반드시 세법의 내용을 확인할 필요가 있다. 또한, 사실 관계에 따라 다양한 해석이 가능할 수 있으므로 보다 정확한 세무 처리를 위해서는 세무 전문가의 도움이 필요할 수도 있다는 점을 감안해야 한다.

2. 종합소득세와 법인세는 무엇이 다른가?

1) 개인사업자와 법인사업자

창업을 계획할 때는 개인으로 사업을 할 것인지 또는 법인으로 사업을 할 것인지 결정해야 한다. 개인사업자와 법인사업자는 각각 장·단점이 있으므로 둘의 차이점을 살펴보고 내게 적합한 사업 형태를 선택할 필요가 있다.

설립 절차가 복잡한 법인사업자와는 달리 개인사업자는 사업자로 등록하는 과정이 비교적 간단하고, 사업에서 발생한 이익을 자유롭게 사용할 수 있다는 장점이 있는 반면, 법인사업자와 달리 대표자의 인건비가 비용으로 인정되지 않고 사업에 대한 책임도 모두 부담해야 한다는 단점이 있다.

세금 측면에서도, 개인사업자가 얻은 소득에 대해서 종합소득세가 과세되는 반면, 법인사업자가 얻은 소득에 대해서는 법인세가 과세되므로, 소득의 계산 방법, 세율 등이 서로 다르다. 단순히 세율만 비교할 때는 법인세가 종합소득세보다 대체로 낮은 세율이 적용되어 법인사업자가 더 유리하게 느껴질 수 있다. 하지만, 법인사업자는 대표자 인건비가 비용으로 인정되는 대신에 대표자가 법인으로부터 급여나 배당 등의 방법으로 이익을 받을 때 해당 대표자에게 추가적인 소득세 부담이 발생한다는 점을 간과해서는 안 된다. 또한, 부가가치세의 경우에도 개인과 법인은 신고·납부기간, 전자세금계산서 발급 의무, 간이과세 적용 등에 차이점이 있을 수 있으며, 이에 대해서는 '3. 부가가치세는 무엇인가?'에서 자세히 살펴본다.

2) 개인사업자가 내는 종합소득세

(1) 종합소득세의 계산 구조

소득세는 크게 종합소득세, 퇴직소득세, 양도소득세로 구분되는데, 그중에서 종합소득세는 1월 1일부터 12월 31일까지 개인이 얻은 이자소득, 배당소득, 사업소득, 근로소득, 연금소득 및 기타소득을 합하여 과세하는 세금이다. 개인사업자의 경우 사업활동을 통해 벌어들인 소득은 사업소득에 해당되므로 매출에서 매입과 기타 경비를 제외한 순소득에 대하여 다른 소득과 합산하여 종합소득세를 신고·납부해야 한다.

우선 종합소득세의 납부할 세액을 계산하는 구조를 간략하게 나타내면 다음 그림과 같다.

[종합소득세의 계산구조]

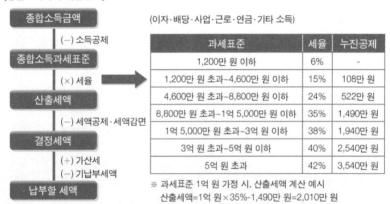

(이자·배당·사업·근로·연금·기타 소득)

과세표준	세율	누진공제
1,200만 원 이하	6%	-
1,200만 원 초과~4,600만 원 이하	15%	108만 원
4,600만 원 초과~8,800만 원 이하	24%	522만 원
8,800만 원 초과~1억 5,000만 원 이하	35%	1,490만 원
1억 5,000만 원 초과~3억 원 이하	38%	1,940만 원
3억 원 초과~5억 원 이하	40%	2,540만 원
5억 원 초과	42%	3,540만 원

※ 과세표준 1억 원 가정 시, 산출세액 계산 예시
산출세액=1억 원×35%-1,490만 원=2,010만 원

(2) 소득금액 및 세액의 계산

개인사업자의 종합소득세 과세표준은 사업소득에 이자소득·배당소득·기타소득 등을 합산하여 종합소득금액을 산정한 다음, 부양가족의 상황에 따른 인적공제 등 소득공제를 차감하여 계산된다. 그리고, 과세표준에 세율을 곱한 산출세액에서 각종 세액공제나 세액감면을 차감하여 최종 납부할 세액을 계산하게 된다. 참고로, 종합소득세 세율(6~42%)은 총 7단계의 초과누진세율 구조를 취하고 있어, 고소득자일수록 높은 세율을 적용받게 된다.

사업소득금액은 총수입금액(매출)에서 필요경비(매입, 인건비 등 각종 경비)를 차감하여 계산된다. 다만, 장부를 비치 또는 기장하지 않는 사업자의 경우에는 실제 지출한 비용에도 불구하고 법에서 정하고 있는 기준경비율 또는 단순경비율에 따른 별도의 방법으로 사업소득금액이 계산된다.

(3) 신고 · 납부와 중간예납

종합소득세의 납세의무자는 매년 5월 31일까지 전년도 소득에 대한 세금을 세무서에 신고·납부해야 하고, 납부할 세액이 10,000,000원을 초과하면 2개월 이내에 분할하여 납부하는 것이 가능하다. 한편, 매출액이 일정 기준금액보다 큰 사업자는 공인회계사 등으로부터 장부와 증명서류에 따른 사업소득금액의 적정성을 확인받아 세무서에 종합소득세를 신고할 때 성실신고확인서도 제출해야 한다. 이런 성실신고확인서를 제출한 개인사업자는 종합소득세의 신고·납부기한이 6월 30일까지로 1개월 연장된다.

한편, 소득세법에서는 사업소득이 있는 개인사업자에 대하여 1월 1일부터 6월 30일까지의 기간(중간예납기간)에 대한 세액을 선납하도록 하고 있는데, 이를 중간예납이라 한다. 즉, 세무서장은 사업소득이 있는 개인사업자에 대해 작년에 납부한 소득세의 50% 상당액을 중간예납세액으로 결정하여 11월 1일부터 15일까지 납세고지서를 발급하며, 해당 고지서를 발급받은 사업자는 11월 30일까지 해당 중간예납세액을 납부하도록 하고 있다.

(4) 개인사업자의 장부 및 사업용 계좌의 신고

개인사업자는 스스로 소득에 대한 증명서류를 갖추고 모든 거래가 객관적으로 파악될 수 있도록 복식부기에 따라 장부를 기록하고 관리해야 한다. 다만, 해당 과세기간에 신규로 사업을 시작했거나, 작년 매출액이 일정한 기준금액보다 작은 소규모 사업자는 복식부기보다 작성 부담이 덜한 간편장부를 작성하는 것이 가능하다(간편장부 대상자). 이때, 간편장부란 복식부기가 아니며, '① 매출액 등 수입, ② 경비지출, ③ 고정자산의 증감, ④ 기타 참고사항'을 기재한 장부로서 미리 국세청에서 양식을 정해두고 있다.

간편장부 대상자임에도 불구하고 복식부기에 따라 장부를 기록하여 종합소득세를 신고·납부하는 경우에는 산출세액의 20%(한도: 1,000,000원)에 해당하는 기장세액공제를 적용받을 수 있다. 이와 반대로, 개인사업자가 장부를 기록·비치하지 않거나 증명서류를 제대로 갖추고 있지 않으면 가산세 등의 불이익이 있을 수 있으므로 주의해야 한다.

아울러 복식부기 의무자는 투명한 거래질서를 확립하기 위해 거래대금, 인건비 또는 임차료를 지급하거나 받을 때 가계용과 구분되는 별도의 사업용 계좌를 사용하도록 하고 있으며, 이러한 사업용 계좌를 세무서에 신고해야 한다.

3) 법인사업자가 내는 법인세

(1) 법인세의 계산 구조

법인사업자에게는 법인세가 과세되며, 이자·배당·사업소득과 같이 소득의 원천별로 구분하여 과세되는 종합소득세와 달리 1 사업연도(회계기간) 동안 법인이 얻은 모든 소득에 대해서 포괄적으로 신고·납부해야 한다. 일반적으로 사업연도는 법인의 정관에 따라 정해지지만 1년을 초과할 수는 없으며, 우리나라의 대다수 법인이 1월 1일부터 12월 31일까지를 사업연도로 하고 있다.

[법인세의 계산구조]

각 사업연도 소득금액

(－) 이월결손금·비과세·소득공제

과세표준

(×) 세율

산출세액

(－) 세액공제·세액감면
(＋) 가산세

총부담세액

(－) 기납부세액

납부할 세액

과세표준	세율	누진공제
2억 원 이하	10%	-
2억 원 초과~200억 원 이하	20%	2,000만 원
200억 원 초과~3,000억 원 이하	22%	4억 2,000만 원
3,000억 원 초과	25%	94억 2,000만 원

※ 과세표준 100억 원 가정 시, 산출세액 계산 예시
산출세액=100억 원×20%-2,000만 원=19억 8,000만 원

우선 법인세를 계산하는 구조를 간략하게 나타내면 앞의 그림과 같다.

(2) 소득금액 및 세액의 계산

법인세를 계산하기 위해서는 먼저 각 사업연도의 소득을 계산해야 하는데, 각 사업연도 소득은 회계상 당기순이익에 회계와 세무의 차이를 가감하는 세무조정 절차를 통해 계산된다.

또한, 법인세 과세표준은 각 사업연도 소득금액에서 이월결손금, 비과세, 소득공제를 차감하여 계산하고, 법인세 과세표준에서 법인세율을 곱하여 계산된 산출세액에서 각종 세액공제나 세액감면을 차감하고 가산세를 더하여 최종적으로 납부할 세액을 계산하게 된다. 법인세 역시 종합소득세와 마찬가지로 초과누진세율(10~25%) 구조를 취하고 있다.

(3) 신고 · 납부와 중간예납

법인세 납세의무자는 사업연도 종료일부터 3개월 이내에 법인세를 신고·납부해야 하며, 납부할 세액이 10,000,000원을 초과하면 1개월 이내(중소기업의 경우 2개월 이내)에 법인세를 분할납부하는 것도 가능하다. 한편, 일정한 요건에 해당하는 소규모 법인사업자는 성실신고확인서를 세무서에 제출해야 하며, 성실신고확인서를 제출하는 법인은 신고·납부기한이 1개월 연장된다.

종합소득세와 마찬가지로 법인세도 사업연도 중 초반 6개월 동안(중간예납기간)의 소득에 대해서 중간예납기간이 끝난 후 2개월 이내에 미리 세금을 내야 하며, 이때 법인은 직접 중간예납세액을 신고·납부해야 한다. 이 경우

법인은 중간예납세액을 계산할 때 직전사업연도에 납부한 법인세액의 50%를 기준으로 하는 방법과 중간예납기간에 발생한 수익에서 비용 등을 차감하여 법인세를 계산하는 방법 중 하나를 선택할 수 있다. 그러나 일정 법인은 그 중간예납세액 계산 방식이 특정되어 있음에 유의할 필요가 있다.

(4) 법인장부와 사실과 다른 회계처리

법인사업자는 증명서류를 갖추고 모든 거래사실이 객관적으로 파악될 수 있도록 복식부기에 따라 장부를 기록하고 관리해야 한다. 특히, 법인은 개인사업자와 달리 간편장부와 같은 제도가 없으며, 장부를 제대로 기록하지 않은 경우에는 가산세를 부담해야 한다.

한편, 법인의 재무제표에서 수익이나 자산을 실제보다 크게 기재하거나 비용 또는 부채를 실제보다 적게 기재하는 경우가 있을 수 있다. 법인이 금융기관으로부터 대출을 받기 위해 더 좋은 성과를 보일 필요가 있거나, 경영자 자신의 경영성과를 높이 평가받기 위해서 이와 같은 분식회계가 발생할 수 있는데, 이 경우 법인은 실제로 납부할 세금보다 더 많은 세금을 내게 되고, 또한 이런 사실이 밝혀지면 실제로 납부할 세금보다 더 많이 납부한 세금을 돌려받아야 한다.

다만, 사실과 다른 회계처리로 법인이 경고 또는 주의 등의 조치를 받게 되면 과다하게 납부한 세금을 바로 환급받을 수 있는 일반적인 절차와는 달리 매년 일정한 한도(과다 납부세액의 20%) 내에서 세액공제의 형태로 과다하게 납부한 세금을 돌려받게 된다. 즉, 사실과 다른 회계처리가 적발되는 경

우에는 과다하게 납부한 법인세가 모두 환급되는 데 최소 5년 이상의 기간
이 필요하게 된다.

[종합소득세와 법인세의 주요 차이점]

구분	종합소득세	법인세
과세표준	사업·근로 등 유형별 소득의 합계	법인의 모든 소득
대표자 급여	비용처리 불가	비용처리 가능
세율 구조	6~42%(7단계 누진세율)	10~25%(4단계 누진세율)
납세지	사업자 수소시	본점·주사무소 소재지
기장의무	복식부기(원칙), 간편장부(예외)	복식부기
과세기간	1월 1일~12월 31일	정관 등에 따른 1사업연도(회계기간)
신고·납부기한	과세기간 다음 해 5월 31일*	사업연도 종료일부터 3개월*
중간예납	중간예납세액 고지·납부(원칙), 일정한 경우 신고·납부 가능(예외)	직전사업연도 기준 또는 중간예납기간 기준 중 선택신고·납부(원칙), 일정 법인의 경우 법소정방식(예외)

* 성실신고확인대상 사업자·법인이 성실신고확인서 제출 시 1개월 연장

3. 부가가치세는 무엇인가?

1) 부가가치세 제도*

우리나라의 부가가치세 제도는 1977년에 아시아 최초로 도입되었으며, 도입의 주된 목적은 경제개발에 필요한 재원을 마련하기 위한 것이었다. 당시 우리나라는 영업세, 물품세, 직물류세, 석유류세, 전기가스세, 통행세, 입장세, 유흥음식세 등 복잡한 간접세 구조를 가지고 있었으나, 부가가치세 도입을 통해 이와 같은 간접세 체계는 간소화되었다. 또한, 영세율 제도에 의해 수출을 증진하고, 매입세액공제를 통해 투자를 촉진할 수 있게 되었으며, 세금계산서의 발급 및 수취를 의무화함으로써 소득과 세원을 정확하게 파악할 수 있는 근거를 마련하게 되었다.

부가가치세 제도의 도입 당시에는 해당 제도를 반대하는 의견도 많았으며, 매출세액에서 매입세액을 차감하는 부가가치세에 대한 사업자의 이해가 부족해 10%의 세금이 붙으니 판매가격도 10%를 올려야 한다는 오해를 불러일으키기도 했다. 그러나, 현재 우리나라의 부가가치세 제도는 성공적으로 정착했다고 평가할 수 있다. 도입 이후 첫해인 1978년에 약 8,000억 원이었던 부가가치세수는 2018년에 약 70조 원으로 증가했으며, 국세에서 차지하

---

* 한국조세재정연구원, 『한국세제사』 제2편 제2권, 「소비과세·관세」(2012. 12.), 19~28쪽 자료를 수정·보완한 것이다.

는 비중이 25%에 이를 정도로 크게 성장했다.

2) 사업자등록을 위한 준비

신규 사업자가 가장 먼저 해야 하는 일 중에 하나가 사업자등록 신청이다. 개인이나 법인 모두 사업자등록을 해야 한다. 사업자등록이란 부가가치세 현황을 파악하기 위해서 세무서에 사업자의 성명, 주민등록번호, 사업장 소재지, 업종 등을 등록하는 것을 말한다. 참고로, '4) 사업자의 구분'에서 설명할 면세사업자는 부가가치세법에 따른 사업자등록의 의무는 없으나, 소득세법 또는 법인세법에 따라 사업자등록을 해야 한다.

우선, 사업자는 사업 개시일부터 20일 이내에 세무서에 사업자등록을 신청해야 하며, 국세청 홈택스 홈페이지를 통해서도 신청할 수 있다. 신규 사업자는 사업 개시일 이전이라도 사업자등록을 신청할 수 있다.

[사업 개시일의 기준]

① 제조업: 제조장별로 재화의 제조를 시작하는 날
② 광업: 사업장별로 광물의 채취·채광을 시작하는 날
③ 제조업 및 광업 외의 사업: 재화나 용역의 공급을 시작하는 날

사업자가 사업자등록을 신청할 때는 다음의 구비서류를 준비해야 하며, 시작하는 사업이 관련 법령에 따라 허가를 받거나 등록 또는 신고를 해야 하는지에 대해서도 미리 확인해야 한다.

[사업자등록 구비서류]

- 사업자등록 신청서(사업자의 인적사항, 사업자등록 신청 사유, 사업 개시일 또는 사업장 설치 착수일, 그 밖의 참고사항 기재)
- 사업허가증 사본, 사업등록증 사본 또는 신고확인증 사본(허가·등록·신고가 필요한 사업의 경우)
- 임대차계약서 사본(사업장을 임차한 경우)
- 상가건물의 임차 부분 도면(상가건물의 일부분만 임차한 경우)
- 자금출처명세서(금지금 도소매업, 과세유흥장소 영위자, 연료판매업, 재생용 재료 수집 및 판매업의 경우)
- 공동 사업자 명세(공동 사업자가 있는 경우)

사업자등록을 신청한 사업자는 사업자등록번호가 부여된 사업자등록증을 발급받게 되고, 이후에는 세금계산서의 발급도 할 수 있게 된다. 또한, 사업자등록은 사업자가 매입세액을 언제부터 공제받을 수 있는지에 대한 중요한 기준점이 된다. 공급시기가 속하는 과세기간이 끝난 후(6월 30일 또는 12월 31일) 20일 이내에 사업자등록을 신청한 사업자라면 해당 과세기간의 기산일(1월 1일 또는 7월 1일)부터 발생한 매입세액에 대해서 공제를 받을 수 있다.

사업자등록을 하기 전의 사업자는 원칙적으로 세금계산서를 발급받을 수 없으나, 사업자 또는 대표자의 주민등록번호를 적어 세금계산서를 발급받는 것이 인정된다. 즉, 사업 개시일 또는 사업자등록 전이라고 하더라도 사업과 관련하여 미리 비품 또는 고정자산 등을 구입할 때는 매입세액을 공제받기 위해서 주민등록번호를 적은 세금계산서를 발급받아둘 필요가 있다. 사업자등록과 매입세액공제가 가능한 기간에 대한 예시를 보면 다음과 같다.

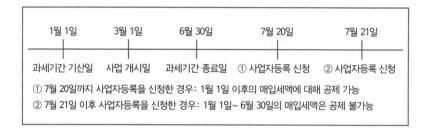

①7월 20일까지 사업자등록을 신청한 경우: 1월 1일 이후의 매입세액에 대해 공제 가능
②7월 21일 이후 사업자등록을 신청한 경우: 1월 1일~ 6월 30일의 매입세액은 공제 불가능

사업자등록을 하지 않은 사업자는 가산세와 같은 불이익도 존재하므로 조심해야 한다. 특히, 사업 개시일부터 20일 이내 사업자등록의 신청을 하지 않게 되면, 다음과 같이 계산된 사업자 미등록 가산세를 부담해야 한다.

- 일반과세자의 가산세 = 미등록 기간*의 공급가액 합계액 × 1%
- 간이과세자의 가산세 = 미등록 기간*의 공급대가 합계액 × 0.5%

* 미등록 기간: 사업 개시일~사업자등록 신청 전일

타인의 명의로 사업자등록을 하거나 타인 명의의 사업자등록을 이용해 사업을 하는 경우에도 공급가액 합계액의 1%(간이과세자의 경우 공급대가의 0.5%)를 사업자 허위등록 가산세로 부담해야 한다. 특히, 조세범처벌법에서는 조세의 회피 등을 목적으로 허위로 사업자등록을 하거나 명의를 빌려준 경우에 대해 벌금 등의 강한 처벌 규정을 두고 있으므로 주의가 필요하다.

[상담 사례 1]

Q. 둘 이상의 사업장이 있는 사업자의 경우 모든 사업장에 대해서 사업자등록을 해야 하나요?

A. 사업자는 원칙적으로 사업장마다 사업자등록을 신청해야 합니다.

다만, 사업장이 둘 이상인 사업자는 납세자의 편의를 위한 '사업자 단위 과세 제도'를 신청할 수 있습니다. 사업자 단위 과세 사업자는 사업자 단위로 본점 또는 주사무소의 세무서에 사업자등록을 신청하고, 하나의 사업장에서 부가가치세를 총괄해 신고·납부하게 됩니다. 다만, 종된 사업장을 신설·이전·휴폐업 하는 경우에는 지체 없이 사업자등록 정정신고서를 세무서에 제출해야 합니다 (부가가치세법 제8조, 같은 법 시행령 제14조).

한편, 사업장이 둘 이상인 사업자는 주된 사업장에서 부가가치세의 납부만 총괄하는 '주사업장 총괄 납부 제도'를 신청할 수 있습니다. 주사업장 총괄 납부 사업자는 각 사업장마다 사업자등록, 부가가치세 신고 등을 모두 이행하되, 주된 사업장에서 부가가치세의 납부만 총괄하는 것입니다. 즉, 하나의 사업장에서는 납부세액이, 다른 사업장에서는 환급세액이 발생하는 주사업장 총괄 납부 사업자는 납부세액과 환급세액을 통산한 후의 잔액을 주사업장에서 납부하거나 환급받게 되므로 납세편의뿐만 아니라 자금상 부담이 줄어드는 효과가 발생할 수 있습니다 (부가가치세법 제51조).

※ 이하 제시되는 다섯 가지 상담 사례는 집필진이 마련한 가상 질문에 대하여 관련 법규 등을 참조하여 답변을 제시한 것이다.

3) 사업자의 부가가치세 관련 의무

우리나라의 부가가치세 제도는 물품 등을 판매한 사업자의 세금계산서 발급을 통해 거래 상대방인 사업자 등에게 부가가치세를 이전시키고, 물품 등을 판매한 사업자가 부가가치세를 세무서에 신고·납부하도록 하고 있다. 그리고, 최종 소비자는 물품 등을 구매할 때 부가가치세가 포함된 물품 가격을 지급함으로써 부가가치세를 간접적으로 부담하고 있다. 즉, 실질적으로는 최종 소비자가 부가가치세를 부담하는 것이지만, 사업자는 물품 등을 판매하면서 발생한 부가가치세(매출세액)에서 매입한 물품 등의 부가가치세(매입세액)를 차감하는 방식으로 계산된 부가가치세를 세무서에 신고·납부해야 하는 것이다.

그러므로 신규 사업자는 소비자일 때와는 달리 앞서 설명한 사업자등록 및 부가가치세 신고·납부 등의 새로운 의무를 이행해야 한다. 또한, 사업자는 거래를 할 때마다 세금계산서 등을 발급하거나 발급받아야 한다. 이러한 세금계산서는 부가가치세 신고에 있어서 매우 중요한 근거 자료가 되는 동시에 소득세 등을 신고함에 있어서도 기초 자료로 활용될 수 있다.

특히, 부가가치세의 세무 처리에 있어서 사소한 실수가 큰 손실을 불러올 수 있으므로, 사업자가 지켜야 할 의무사항을 잘 파악해 준수해야 한다. 세

[부가가치세법상 용어의 해설]

① 부가가치세 과세대상
　부가가치세법에서는 다음과 같은 '재화' 또는 '용역'의 공급을 과세대상으로 하고 있다.
　('재화 및 용역'은 '물품 및 서비스'를 의미한다)
　• 재화: 가치가 있는 물건 및 권리
　• 용역: 재화 외에 재산가치가 있는 모든 역무와 그 밖의 행위

② 공급가액과 공급대가의 차이
　공급가액과 공급대가는 다음과 같은 차이가 있다. 즉, 일반적으로 물건 값이 11,000원이면
　그중 1,000원은 부가가치세이므로 공급가액은 10,000원, 공급대가는 11,000원이 된다.
　• 공급가액: 부가가치세(10%)가 제외된 가격
　• 공급대가: 부가가치세(10%)가 포함된 가격

③ 매출세액과 매입세액
　매출세액과 매입세액은 일반적으로 다음과 같으며, 사업자는 매출세액과 매입세액의 차이를
　통해 계산된 부가가치세를 신고·납부하게 된다.
　• 매출세액: 사업자가 판매한 물품 등의 공급가액의 합계 × 부가가치세율(10%)
　• 매입세액: 사업자가 구입한 물품 등의 대가에 포함된 부가가치세

법에서는 사업자의 의무와 더불어 사업자를 위한 다양한 조세지원제도를 두고 있으므로 조세지원제도에 대해서도 잘 알아둘 필요가 있다.

4) 사업자의 구분

사업자의 종류는 매우 다양하다. 신규 사업자 입장에서 사업자의 종류를 선택할 수도 있고, 법규 등에 따라 사업자의 종류가 결정되기도 한다. 사업자의 종류별로 세무 처리가 달라지는 경우가 많으므로 신규 사업자는 스스로 어떤 종류의 사업자에 해당하는지에 대한 이해가 필요하다.

(1) 개인사업자와 법인사업자

창업하는 사업자 입장에서 개인으로 사업을 해야 할지, 또는 법인으로 사업을 해야 할지 고민이 필요하다. 앞서 살펴본 바와 같이 소득세를 부담하는 개인사업자와 법인세를 부담하는 법인사업자의 세무 처리는 많은 차이가 있으므로 이에 대한 충분한 고려가 필요할 것이다.

부가가치세의 세무 처리에 있어서도 개인사업자와 법인사업자 간에는 많은 차이점이 존재한다. 일반적으로 법인사업자는 부가가치세법에 따른 모든 의무를 이행하게 되고, 소규모 개인사업자는 전자세금계산서 발급 의무, 예정신고, 간이과세 등과 관련해서 일부 의무가 완화되거나 면제되는 경우도 존재한다. 다음의 표는 부가가치세 세무 처리에 있어서 개인과 법인의 차이를 간략히 정리한 것이다.

구분	개인사업자	법인사업자
전자세금계산서 발급 의무	직전연도 사업장별 공급가액 합계액이 3억 원 이상인 개인사업자	모든 법인사업자 (2011년 1월 1일 이후 의무화)
예정신고 (1~3월, 7~9월)	세무서장의 예정고지·납부 (일정한 경우 신고·납부 가능)	예정신고기간 종료 후 25일 이내 신고·납부
간이과세자 대상	신규 사업자·직전연도 공급대가 합계액이 4,800만 원 미만인 개인사업자	간이과세 적용 불가
신용카드 매출전표 등 발급 세액공제 대상	영수증 발급대상 일반과세자(직전연도 공급가액 합계액이 사업장 기준 10억 원을 초과하는 개인사업자 제외)·간이과세자	세액공제 적용 불가

(2) 일반과세자와 간이과세자

사업자는 일반적으로 각 거래 단계마다 부가가치세를 징수해야 하고 세금계산서를 발급해야 하며, 매 3개월에 한 번씩 부가가치세를 납부해야 한다. 그러나, 이러한 세무 처리가 쉽지 않은 소규모 개인사업자에 대해서는 납세 편의를 위해서 예외적이고 간편한 부가가치세 세무 처리를 인정하고 있다. 이를 간이과세 제도라고 한다.

다만, 법인사업자는 간이과세 제도를 적용할 수 없으며, 개인사업자라고 하더라도 직전연도의 1년간 공급대가가 4,800만 원 미만이어야만 적용이 가능하다. 한편, 간이과세가 적용되지 않는 다른 사업장을 보유하고 있거나 다음과 같은 간이과세 배제 사업을 하는 경우에는 간이과세 제도를 적용할 수 없도록 하고 있다.

간이과세 제도의 가장 큰 특징은 사업자의 공급대가에서 업종별 부가가 치율(5~30%)을 먼저 곱하고 이에 10%의 세율을 곱하여 납부할 부가가치세를 계산한다는 것이다. 즉, 일반과세자는 공급가액의 10%를 부가가치세로 부담하는 반면, 간이과세자는 공급대가의 0.5~3%만 부가가치세로 부담하게 된다.

또한, 간이과세자는 일반과세자와 달리 세금계산서의 발급 의무가 없으며, 1년에 한 번만 부가가치세를 신고·납부하게 되고, 1~6월의 기간에 대한 부가가치세의 경우 신고·납부하는 것이 아니라 세무서가 작년 납부세액의 50%를 기준으로 납세고지서를 발부해 징수하게 된다. 특히, 1년의 공급대가 합계액이 3,000만 원에 미달하는 간이과세자는 부가가치세 납부의무 자체가 면제된다(다만, 이 경우에도 일반과세자가 간이과세자로 변경하는 데 따른 재고납부세액은 납부해야 한다).

한편, 일반사업자는 자기가 구매한 물건 등에 포함된 매입세액 전체를 공제받을 수 있으나, 간이과세자는 매입세액의 일부(매입세액×업종별 부가가치율)만 공제받을 수 있다. 그리고 일반과세자는 매입세액이 매출세액을 초과하는 경우 부가가치세를 환급받을 수 있으나, 간이과세자는 부가가치세를 환급받을 수 없는 단점이 있다.

구분	일반과세자	간이과세자
적용대상자	• 개인·법인, 공급대가 수준 불문 • 간이과세 배제 대상 사업자 • 간이과세 포기신고를 한 사업자	• 간이과세 적용신고를 한 신규 개인사업자 • 직전연도 공급대가 4,800만원 미만인 개인사업자
배제 대상 사업자	-	• 간이과세가 적용되지 않는 다른 사업장 보유 사업자 • 간이과세 배제 사업을 영위하는 사업자
과세기간	1~6월, 7~12월	1~12월
예정신고·납부	• 법인: 예정신고·납부 • 개인: 예정고지·징수(원칙)	• 예정부과·징수(원칙)
세금계산서	발급 의무 있음	발급할 수 없음
매출세액	공급가액×10%	공급대가×업종별 부가가치율×10%
매입세액	매입세액 전액 공제	매입세액×업종별 부가가치율 공제
납부의무 면제	-	공급대가의 합계액 3,000만 원 미만
의제매입세액공제	업종 제한 없음	음식점업, 제조업
환급 가능 여부	환급 가능	환급 불가

앞서 말하는 간이과세자의 업종별 부가가치율은 다음과 같다.

업종	부가가치율
전기·가스·증기 및 수도 사업	5%
소매업, 재생용 재료 수집 및 판매업, 음식점업	10%
제조업, 농업·임업 및 어업, 숙박업, 운수 및 통신업	20%
건설업, 부동산임대업 및 그 밖의 서비스업	30%

다만, 간이과세 제도는 사업자의 연 공급대가가 4,800만 원에 미달할 때 적용할 수 있으므로, 연 공급대가가 4,800만 원을 초과하게 되는 간이과세자는 그 다음 해 7월 1일부터 일반과세를 적용하게 된다. 예를 들어, 2018년 중에 신규로 사업을 시작한 개인사업자가 공급대가의 합계액이 4,800만 원에 미달될 것으로 예상되어 간이과세를 적용했으나, 2018년의 실제 연 환산 공급대가의 합계액이 4,800만 원을 넘어간 경우에는 사업 개시일부터 2019년 6월 30일까지 간이과세를 적용하고 2019년 7월 1일부터는 일반과세를 적용해야 한다.

[간이과세 포기 제도]

- 일반적으로 소규모 개인사업자는 간이과세 제도를 적용하는 것이 유리하거나 편리할 수 있다. 단, 간이과세자로부터 매입하는 거래 상대방은 세금계산서를 발급받을 수 없으므로 매입세액을 공제받을 수 없어 간이과세자와의 거래를 꺼릴 수 있다. 또한, 간이과세자는 사업 초기에 시설투자나 인테리어 비용 등이 크게 발생해 매입세액이 매출세액보다 큰 경우에도 부가가치세를 환급받을 수 없으므로 일반과세자보다 불리할 수도 있다.
- 부가가치세법에서는 이러한 단점을 보완하기 위해 간이과세를 포기하고 일반과세를 적용할 수 있는 간이과세 포기 제도를 두고 있다. 그러나 간이과세를 포기한 사업자는 3년간 간이과세를 적용할 수 없으므로, 간이과세 포기를 결정하기 전에 충분한 검토가 필요하다.

---

(3) 일반사업자와 면세사업자

사업자는 재화 또는 용역을 공급할 때마다 공급가액에 10%의 세율을 적용한 부가가치세를 거래징수해야 한다. 단, 수출하는 사업자는 10%가 아닌

0%의 부가가치세율이 적용되며 이를 영세율 제도라고 한다. 영세율 제도는 사업자의 공급 관련 부가가치세, 즉 매출 관련 부가가치세를 면세하는 제도이므로, 결과적으로 매입할 때 부담한 매입 부가가치세는 전부 환급받게 되는 제도다. 이러한 영세율 제도의 취지는 소비지국 과세원칙에 따라 수출된 물품 등에 대해서 소비하는 수입국에서 부가가치세와 같은 소비세를 과세하려는 것이다. 반대로 우리나라로 수입되는 물품 등은 우리나라의 부가가치세가 과세된다.

영세율이 적용되면, 사업자는 물품 등을 수출할 때 부가가치세만큼 가격을 낮출 수 있으므로 수출 촉진의 효과도 발생한다. 다만, 영세율사업자도 0%의 세율만 적용될 뿐, 부가가치세법상 납세의무자이므로 사업자등록, 세금계산서 발급, 부가가치세 신고·납부 등의 의무를 모두 이행해야 한다. 한편, 다음에서 설명하는 면세사업자는 영세율을 적용받을 수 없다.

영세율 제도와는 별도로 부가가치세법에서는 면세 제도라는 것이 존재한다. 여기서 말하는 면세 제도란 미가공 식료품, 농수산물 등과 같은 기초생활 필수품이나 의료보건용역, 도서·신문·잡지, 토지, 금융·보험 용역 등에 대해서 사회·문화·공익 및 여러 가지 정책 목적으로 부가가치세를 면제하는 것을 말한다. 면세사업자는 부가가치세법상 사업자등록, 세금계산서 발급, 부가가치세의 거래징수 및 신고·납부 의무 등이 없다.

단, 면세사업자의 경우 사업을 위해 자기가 부담한 매입세액이 공제되지 않아 결과적으로 부가가치세의 일부만 면제되는 효과가 발생하게 된다. 즉, 영세율 제도가 완전 면세의 효과가 있다면 면세 제도는 부분 면세의 효과만 있다고 말할 수 있다. 영세율 제도와 면세 제도의 효과를 설명하기 위해 부가가치세 과세대상인 재료를 11,000원(공급대가, 즉 1,000원의 부가가치세가 포함된 가격)에 구입해 자신의 부가가치인 5,000원을 더한 가격으로 물품을 판매하는 경우를 가정해보면 다음과 같다.

[일반사업자]

- 사업자가 납부할 부가가치세 = 1,500원 - 1,000원 = 500원(일반사업자 자신의 부가가치인 5,000원의 10%)
  (매출세액 = 15,000원 × 10% = 1,500원, 매입세액 = 10,000원 × 10% = 1,000원)
- 소비자가격 = 15,000원 + 1,500원(부가가치세) = 16,500원

[영세율사업자]

- 사업자가 환급받을 부가가치세 = 0원 - 1,000원 = (-)1,000원(영세율사업자의 매입세액은 전부 환급됨)
  (매출세액 = 15,000원 × 0% = 0원, 매입세액 = 10,000원 × 10% = 1,000원)
- 소비자가격 = 15,000원(단, 소비되는 수입국의 소비세가 과세될 수 있음)

[면세사업자]

- 면세사업자는 납부하거나 환급받을 부가가치세가 없음
  (단, 면세사업자는 재료의 매입 당시 부담한 매입세액 1,000원을 공제받을 수 없음)
- 소비자가격 = 11,000원(재료비의 공급대가) + 5,000원(면세사업자의 부가가치) = 16,000원

※ 일반사업자에게 물품을 산 소비자와 비교할 때 면세사업자로부터 물건을 산 소비자는 '면세사업자의 부가가치세인 500원'만큼 물건을 싸게 구입할 수 있는 효과가 발생한다. 한편, 영세율사업자로부터 물품을 산 소비자는 모든 단계의 부가가치세인 1,500원이 모두 면제되는 효과가 발생하나, 소비되는 수입국에서 소비세를 부담해야 한다.

[면세 포기 제도]

- 앞서 살펴본 면세 제도는 사업자에게 조세 혜택을 부여하기 위한 것이라기보다는 최종 소비자의 부가가치세 부담을 덜어주기 위한 제도다. 그러나, 영세율의 적용대상에도 해당하는 면세사업자는 매입세액을 공제받을 수 없어 일반사업자에 비해 불합리한 결과를 초래할 수 있으므로, 사업자의 선택에 따라 면세를 포기할 수 있는 제도를 두고 있다.
- 다만, 모든 경우 면세를 포기할 수 있게 되면 최종 소비자를 보호하기 위한 면세 제도의 취지가 지켜지지 않을 수 있으므로 부가가치세법에서는 영세율 적용대상과 같이 면세의 포기가 가능한 경우를 제한하고 있다. 한편, 면세 포기를 신고한 사업자는 신고한 날부터 3년간 부가가치세 면세를 적용받을 수 없다.

5) 세금계산서

(1) 세금계산서의 의의와 작성 방법

사업자는 물품 등을 판매하고 대가를 받을 때 10%의 부가가치세를 함께 받아야 하며, 이를 거래징수 의무라고 한다. 그리고 사업자가 이러한 거래징수 의무를 잘 이행했는지 확인할 수 있도록 법에서 정한 계산서를 발급하거나 발급받도록 하고 있는데, 이를 세금계산서라고 한다.

일반적으로 사업자는 거래를 하면서 거래 확인 등을 위해 임의로 작성된 송장, 계산서, 영수증 등을 주고받는다. 그러나, 세금계산서는 양식을 법으로 정하고 강제로 발급하도록 한 것이다. 특히, 부가가치세 제도에 있어서 세금계산서는 공제받을 수 있는 매입세액을 확인하고, 부가가치세를 최종 소비자에게 전가할 수 있도록 하는 중요한 장치다. 국가는 세금계산서를 확인함으로써 부가가치세의 과세자료 및 세원이 되는 소득을 파악할 수 있게 된다.

부가가치세법에서는 세금계산서의 양식과 반드시 기입해야 하는 사항(필요적 기재사항)을 정하고 있다. 이러한 세금계산서의 필요적 기재사항이 누락되거나 사실과 다른 경우에는 세금계산서 기재불성실 가산세(공급가액의 1%)가 과세될 수 있으며, 물품 등을 공급하지 않거나 공급받지 않았음에도 세금계산서를 발급하거나 수취한 경우에는 공급가액의 3%, 물품 등을 공급하는 자 또는 공급받는 자의 명의를 허위로 기재한 경우에는 공급가액의 2%, 공급가액을 과다하게 기재한 세금계산서를 발급하거나 수취한 경우에는 과다 공급가액의 2%의 가산세가 적용될 수 있으므로, 세금계산서 발급·수취 시 주의가 필요하다.

[세금계산서 필요적 기재사항]

① 공급하는 사업자의 등록번호와 성명 또는 명칭, ② 공급받는 자의 등록번호, ③ 공급가액과 부가가치세액, ④ 작성 연월일

---

(2) 세금계산서의 발급시기

세금계산서는 아무 때나 발급할 수 있는 것이 아니라 법에서 정한 시기에 발급해야 하며, 원칙적으로 사업자가 물품 또는 서비스 등을 공급한 시기에 발급해야 한다. 즉, 사업자는 판매한 물품이나 서비스의 공급시기가 언제인지 정확히 파악할 필요가 있다. 특히, 법에서 정한 시기에 세금계산서를 발

급하지 않으면 가산세를 부담해야 할 수 있으며, 적법한 시기에 세금계산서를 발급받지 못한 사업자는 매입세액을 공제받을 수 없다.

[공급시기의 원칙]

일반적으로 공급시기는 다음과 같은 원칙이 있으나, 예외적인 공급시기 규정도 있으므로 신중한 검토가 필요하다.
- 물품: 인도되는 때(이동 필요), 이용 가능하게 되는 때(이동 불필요), 재화의 공급이 확정되는 때(기타)
- 서비스: 역무의 제공이 완료되는 때, 시설물·권리 등 재화가 사용되는 때

다만, 앞서 살펴본 공급시기가 되기 전에 대가를 받는 경우, 대가를 받은 시점에 세금계산서를 발급하는 것은 가능하다. 또한, 공급시기가 되기 전에 세금계산서를 발급하고 그 발급일로부터 7일 이내에 대가를 받는 것이 가능하며, 다음과 같은 경우에는 7일이 지난 후에 대가를 받더라도 정당한 세금계산서로 인정된다.

[세금계산서 발급일부터 7일이 지난 후에 대가를 받더라도 인정되는 경우]

① 계약서·약정서 등에 대금 청구시기(세금계산서 발급일)와 지급시기를 따로 적고, 그 차이가 30일 이내인 경우
② 세금계산서 발급일이 속하는 과세기간 이내에 공급시기가 도래하고 대금을 지급받은 것이 확인되는 경우

사업자는 거래가 이루어질 때마다 개별적으로 세금계산서를 발급하는 것이 원칙이다. 그러나, 사업자가 고정 거래처와 계속적으로 거래를 하는 경우

매 거래마다 세금계산서를 발급하는 것은 번거로울 수 있다. 이와 같은 번거로움을 덜어주기 위해 부가가치세법에서는 월의 일정 기간 동안의 거래금액을 합하여 다음 달 10일까지 발급할 수 있는 월합계 세금계산서 제도를 두고 있다.

[월합계 세금계산서의 발급이 가능한 경우]

① 거래처별로 1역월*의 공급가액을 합해 해당 달의 말일을 작성 연월일로 하여 발급
② 거래처별로 1역월 이내 임의 기간의 공급가액을 합해 그 기간의 종료일을 작성 연월일로 하여 발급
③ 실제 거래사실이 확인되는 경우로서 해당 거래일을 작성 연월일로 하여 발급

* 역월이란 달력상의 한 달을 의미한다. 즉, 매월 1일부터 그 달의 말일까지를 뜻한다.

[상담 사례 2]

Q. '물건을 할부판매하는 경우'와 '부동산을 임대하면서 전세금 또는 임대보증금을 받는 경우' 세금계산서는 언제 발급해야 하나요?

A. 물건을 할부판매하는 경우 원칙적으로 '재화가 인도되거나 이용가능하게 되는 때'가 공급시기가 됩니다. 다만, 다음에서 설명하는 장기할부판매에 해당하는 경우에는 '대가의 각 부분을 받기로 한 때'가 공급시기가 되므로 해당 시점에 세금계산서를 발급해야 합니다(부가가치세법 시행령 제28조, 같은 법 시행규칙 제17조).

- 장기할부판매: 재화를 공급하고 그 대가를 월부, 연부 또는 그 밖의 할부 방법에 따라 받는 것 중 다음 요건을 모두 갖춘 것
  ① 2회 이상으로 분할하여 대가를 받는 것
  ② 해당 재화의 인도일의 다음 날부터 최종 할부금 지급기일까지의 기간이 1년 이상인 것

사업자가 부동산 임대용역을 공급하고 전세금 또는 임대보증금을 받는 경우에는 '예정신고기간 또
는 과세기간의 종료일'이 공급시기가 되므로 해당 시점에 다음의 산식에 따라 계산된 간주임대료를
공급가액으로 하여 계산한 부가가치세를 신고·납부해야 합니다. 이때, 간주임대료에 대해서는 세
금계산서 발급 의무가 면제됩니다(부가가치세법 시행령 제29조, 제65조 및 제71조).

$$해당\ 기간의\ 전세금\ 등 \times 과세대상기간의\ 일수 \times \frac{계약기간\ 1년의\ 정기예금\ 이자율\ 해당\ 예정신고기간\ 또는\ 과세기간\ 종료일\ 현재}{365(윤년에는\ 366)}$$

(3) 전자세금계산서

경제가 성장하고 거래가 복합·다양해지는 현실 속에서 세금계산서를 서
면으로 작성하고 보관하는 것은 많은 비용과 시간이 소요된다. 그리고 정부
입장에서도 사업자가 종이 세금계산서를 법에서 정한 시기에 작성했는지 아
닌지를 파악하기가 쉽지 않다. 이에 따라 세금계산서를 전자적 방식으로 발
급하고 즉시 국세청에 전송할 수 있는 전제 세금계산서 제도가 도입되어 시
행되고 있다.

특히, 법인사업자는 2011년 1월 1일부터 의무적으로 전자세금계산서를
발급하도록 하고 있으므로, 거래가 발생했을 경우 전사적 기업자원 관리설
비(ERP), 국세청 홈택스 홈페이지 등을 이용해 전자세금계산서를 발급하고,
발급일의 다음 날까지 전자세금계산서 발급 명세를 국세청에 전송해야 한
다. 한편, 전자세금계산서를 의무적으로 발급해야 하는 개인사업자는 다음
의 표와 같이 그 범위가 날로 확대되고 있다. 여기에 해당하면 법인사업자와

동일하게 전자세금계산서를 발급해야 한다.

발급 의무 개시일	전자세금계산서 발급 의무 대상 개인사업자
2012년 1월 1일	직전연도 공급가액 10억 원 이상 개인사업자
2014년 7월 1일	직전연도 공급가액 3억 원 이상 개인사업자
2019년 7월 1일	직전연도 과세공급가액과 면세공급가액의 합계액 3억 원 이상 개인사업자

(4) 수정세금계산서

사업자가 세금계산서(전자세금계산서 포함)를 발급한 후에 물품 등이 반품되거나 대가가 바뀔 수 있으며, 착오로 세금계산서의 기재사항을 잘못 적어서 발급할 수 있다. 또한, 착오로 세금계산서를 두 번 발급하거나 발급대상이 아닌 면세 거래에 대해서 세금계산서를 발급할 수도 있다. 이러한 경우 부가가치세법에서는 사업자가 수정세금계산서를 발급할 수 있도록 하고 있으며, 발급 사유별로 각각 수정세금계산서의 발급 절차 등을 정하고 있다.

예를 들어, 착오로 필요적 기재사항을 잘못 적어서 세금계산서를 발급한 사업자는 세무조사 통지 등이 있기 전까지 처음 발급한 세금계산서의 내용대로 붉은색 글씨로 쓰거나 음(-)의 표시를 한 세금계산서를 발급하고, 검은색 글씨의 수정세금계산서를 작성하여 발급하는 것이 가능하다.

(5) 영수증 발급 사업자

간이과세자나 주로 비사업자에게 물품 또는 서비스를 제공하는 소매업, 음식점업 등을 영위하는 사업자는 세금계산서가 아닌 영수증을 발급해야 한다. 이때, 영수증에는 신용카드 매출전표, 현금영수증, 직불카드 영수증, 선불카드 영수증, 직불·선불 전자지급수단 영수증 등이 포함된다.

다만, 영수증 발급 사업자도 거래 상대방인 사업자가 물품 등을 구매하면서 세금계산서의 발급을 요구하게 되면 세금계산서를 발급해야 한다. 그러나 미용, 욕탕 및 유사 서비스업, 입장권 발행 사업 등을 하는 사업자는 거래 상대방이 세금계산서를 요구하더라도 세금계산서를 발급할 수 없다.

(6) 세금계산서 발급 의무 면제

면세사업자 또는 간이과세자를 제외한 사업자는 앞서 살펴본 바와 같이 세금계산서 또는 영수증을 의무적으로 발급해야 한다. 그렇지만 택시운송 사업자, 무인자동판매기 이용 사업자와 같이 세금계산서 발급이 불가능한 경우가 있을 수 있고, 수출을 하는 경우에도 영세율이 적용되므로 세금계산서의 발급이 불필요할 수 있다(내국신용장 등에 의하여 재화를 공급하는 경우 등은 제외). 이에 부가가치세법에서는 이와 같은 거래 등 일정한 경우에 대하여 세금계산서 및 영수증의 발급 의무를 면제하고 있다.

일반과세자가 신용카드 매출전표 등을 발행한 경우에도 세금계산서를 발급할 수 없다. 이는 거래 상대방이 신용카드 매출전표 등으로도 매입세액공제를 적용받을 수 있기 때문이다.

6) 부가가치세 신고·납부를 위한 이해

(1) 부가가치세의 계산 구조

부가가치세의 신고·납부를 위해서는 부가가치세액의 계산 구조를 이해할 필요가 있다. 일반과세자와 간이과세자의 부가가치세 계산 구조는 크게 다르다.

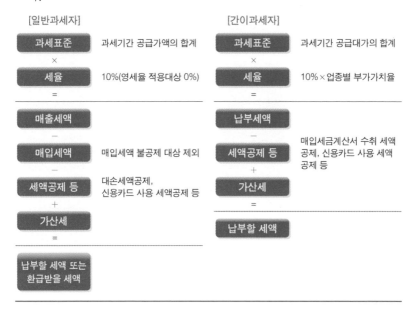

(2) 부가가치세 과세기간

부가가치세를 신고·납부하기 위해서는 나의 과세기간이 언제인지를 꼭 확인해야 한다.

과세기간	신고 구분	신고납부기간	신고 대상자
제1기 (1월 1일~6월 30일)	예정신고 (1월 1일~3월 31일)	4월 1일~4월 25일	법인사업자(개인사업자 는 예정고지·납부)
	확정신고 (1월 1일~6월 30일)	7월 1일~7월 25일	모든 일반과세자
제2기 (7월 1일~12월 31일)	예정신고 (7월 1일~9월 30일)	10월 1일~10월 25일	법인사업자(개인사업자 는 예정고지·납부)
	확정신고 (7월 1일~12월 31일)	내년 1월1일~1월 25일	모든 일반과세자

　　법인사업자는 1년에 네 번(매 3개월씩) 부가가치세를 신고·납부해야 하고, 개인사업자는 1년에 두 번(매 6개월씩) 부가가치세를 신고·납부해야 한다. 개인사업자의 예정신고기간(1~3월, 7~9월)에 대한 부가가치세는 세무서에서 직접 직전 과세기간 납부세액의 50%를 기준으로 하는 부가가치세 납세고지서 발부를 통해 징수하는데, 이를 예정고지·납부라고 한다.

　　이와 달리 간이과세자는 과세기간이 1월 1일부터 12월 31일까지이고, 1년에 한 번, 즉 과세기간의 다음 해 1월 25일까지 부가가치세를 신고·납부하면 된다. 단, 1월 1일부터 6월 30일까지의 기간(예정부과기간)에 대한 부가가치세는 세무서에서 직접 간이과세자의 직전 과세기간 납부세액의 50%를 기준으로 하는 부가가치세를 납세고지서 발부를 통해 징수한다.

　　일반적으로, 개인사업자는 예정신고기간에 대한 부가가치세를 신고·납부하는 것보다 직전 과세기간의 납부세액의 50%에 해당하는 납세고지서를 받아 부가가치세를 납부하는 것이 편리할 수 있다. 그러나 다음과 같은 경우 예정신고·납부하는 것이 보다 유리할 수 있으므로, 이때는 개인사업자 또는 간이과세자도 예정신고(부과)기간에 대한 매출세액을 기준으로 부가가치세를 신고·납부할 수 있다.

[예정신고를 할 수 있는 개인사업자]

① 공급가액(납부세액)이 직전 과세기간의 공급가액(납부세액)의 3분의 1에 미달(휴업 또는 사업 부진 등)
② 예정신고기간분에 대해서 조기환급을 받으려는 경우

[예정신고를 할 수 있는 간이과세자]

• 공급대가(납부세액)가 직전 과세기간의 공급대가(납부세액)의 3분의 1에 미달(휴업 또는 사업 부진 등)

---

(3) 부가가치세 과세표준의 계산

사업자의 분류에 따라 부가가치세를 신고·납부해야 하는 기간 및 횟수 등에는 차이가 있을 수 있으나, 부가가치세 과세표준을 계산하는 방식에는 큰 차이가 없다. 우선 과세표준은 해당 과세기간에 공급한 물품 등의 공급가액 (간이과세자의 경우에는 공급대가)의 합계액으로 계산된다. 공급가액에는 대금, 요금, 수수료 등 지급받은 금전적 가치 있는 모든 것을 포함해야 한다. 또한, 다음과 같은 예외적인 경우의 공급가액 산정방법에 대해서도 참고할 필요가 있다.

[공급가액의 산정방법 예시]

① 금전으로 대가를 받는 경우: 그 대가
② 외화를 받아 공급시기 전에 환가한 경우: 환가한 금액
③ 금전 외의 대가를 받는 경우: 자기가 공급한 물품 등의 시가
④ 외상판매 및 할부판매: 공급한 물품 등의 총가액
⑤ 장기할부판매, 완성도기준지급조건부 공급 등: 계약에 따라 받기로 한 대가의 각 부분

다음의 금액은 공급가액에 포함되지 않으므로, 부가가치세 과세표준에서 제외된다. 따라서 다음의 금액에 대해서는 부가가치세를 납부할 필요가 없다.

[공급가액에서 제외되는 금액 예시]

① 에누리액(대가를 깎아준 금액), ② 반품가액, ③ 공급되기 전에 파손·훼손된 가액, ④ 대가의 지급 지연에 따른 연체이자, ⑤ 매출할인(대가의 조기결제 등)

(4) 부가가치세 세율 및 매입세액공제

부가가치세의 과세표준이 결정되면, 일반과세자는 10%(수출 등 영세율 적용 대상은 0%), 간이과세자는 '10%×업종별 부가가치율'('(4) 사업자의 구분' 참조)의 세율을 적용해 매출세액을 계산한다. 계산된 매출세액에서 사업자가 자기의 사업을 위해 매입한 물품과 고정자산 등에 대한 매입세액을 공제한다. 단, 일반과세자는 매입세액이 전액 공제되지만, 간이과세자는 매입세액에 업종별 부가가치율을 곱한 금액만큼 공제를 받을 수 있다.

[상담 사례 3]

Q. 재화를 사업자의 개인적인 목적 등에 사용·소비하거나 직원에게 사용·소비하게 하는 경우 부가
가치세 과세표준에 포함해야 하나요?

A. 부가가치세법에서는 사업자가 자기의 과세사업과 관련해 생산하거나 취득한 재화를 사업과 직
접적인 관계없이 자기의 개인적인 목적이나 그 밖의 다른 목적을 위해 사용·소비하거나 직원
등에게 사용·소비하게 하는 것으로서 대가를 받지 않거나 시가보다 낮은 대가를 받는 경우에는
재화의 공급으로 보도록 규정하고 있습니다. 이 경우, 해당 재화의 시가를 공급가액으로 하여
부가가치세 과세표준에 포함해야 합니다(부가가치세법 제10조 제4항, 제29조 제3항).

다만, 다음의 어느 하나에 해당하는 경우(시가보다 낮은 대가를 받고 제공하는 것은 시가와 받은
대가의 차액에 한정함)에는 재화의 공급으로 보지 아니합니다(부가가치세법 시행령 제19조의 2).

① 사업을 위해 착용하는 작업복, 작업모 및 작업화를 제공하는 경우
② 직장 연예 및 직장 문화와 관련된 재화를 제공하는 경우
③ 경조사(설날·추석, 창립기념일 및 생일 등을 포함)와 관련된 재화로서 사용인 1명당 연간 10만
원 이하의 재화를 제공하는 경우

사업자는 납부할 매출세액 및 공제받을 매입세액의 확인을 위해 부가가
치세를 신고·납부할 때 발급하거나 발급받은 세금계산서의 내역인 매출·매
입처별 세금계산서 합계표를 세무서에 제출해야 한다. 그러나, 다음과 같은
매입세액에 대해서는 공제를 적용할 수 없으므로 이에 해당하는지에 대해
각별히 주의를 기울여야 한다.

[매입세액 불공제 대상]

① 매입처별 세금계산서 합계표를 미제출하거나 기재사항이 누락 또는 사실과 다른 경우 매입세액
② 세금계산서를 발급받지 아니하거나 필요적 기재사항이 누락 또는 사실과 다른 경우 매입세액
③ 사업과 직접 관련이 없는 지출에 대한 매입세액
④ 비영업용 자동차*의 구입과 임차 및 유지에 관한 매입세액
⑤ 접대비 및 이와 유사한 비용의 지출에 관련된 매입세액
⑥ 면세사업 관련 매입세액과 토지의 조성 등을 위한 자본적 지출에 관련된 매입세액
⑦ 사업자등록을 신청하기 전의 매입세액

* 개별소비세법 제1조 제2항 제3호에 따른 자동차

[상담 사례 4]

Q. 모든 자동차의 구입 및 유지 비용은 매입세액을 공제받을 수 없나요?

A. 원칙적으로 개별소비세법 제1조 제2항 제3호에 따른 자동차의 구입과 임차 및 유지에 관한 매입세액은 매출세액에서 공제받을 수 없습니다. 다만, 개별소비세법 제1조 제2항 제3호에 따른 자동차라 하더라도 다음의 업종에 직접 영업으로 사용되는 자동차의 구입과 임차 및 유지에 관한 매입세액은 공제받을 수 있습니다(부가가치세법 제39조 제1항 제5호 및 같은 법 시행령 제19조).

① 운수업, ② 자동차 판매업, ③ 자동차 임대업, ④ 운전학원업, ⑤ 경비업법 제2조 제1호 라목에 따른 기계경비업무를 하는 경비업(이 경우 소형자동차는 경비업법 제16조의 3에 따른 출동차량에 한정해 적용함), ⑥ '①부터 ⑤까지의 업종'과 유사한 업종

(5) 기타 공제

매입세액공제 이외에도 매입처의 파산·강제집행 등의 사유로 부가가치세가 포함된 외상매출금을 회수할 수 없는 경우 일정 금액(대손금액×110분의 10)

을 대손세액으로서 대손이 확정된 날이 속하는 과세기간의 매출세액에서 뺄 수 있다.

또한, 직전연도 공급가액 합계액이 10억 원을 초과하지 않는 영수증 발급 대상 개인사업자와 간이과세자는 물품 등을 판매할 때 신용카드 매출전표 (현금영수증, 직불카드 영수증, 선불카드 영수증, 직불·선불 전자지급수단 영수증 포함) 를 발급하거나 전자화폐로 결제받는 경우 연간 10,000,000원(2022년 1월 1일 부터는 5,000,000원) 한도 내에서 발급(결제)금액에 다음의 공제율을 곱한 금액 을 납부세액에서 공제받을 수 있다(신용카드 매출전표 등 발급 세액공제). 다만, 공제받는 금액이 그 금액을 차감하기 전의 납부할 세액을 초과하는 때는 그 초과하는 부분은 없는 것으로 본다.

구분	공제율		연간 한도	
	2021년 12월 31일까지	2022년 1월 1일 이후	2021년 12월 31일까지	2022년 1월 1일 이후
음식점업 또는 숙박업을 하는 간이과세자	2.6%	2%	1,000만 원	500만 원
그 외 영수증 발급대상 개인사업자	1.3%	1%		

(6) 부가가치세 납부·환급(조기환급)

확정(예정)신고를 한 사업자는 부가가치세 납부세액을 세무서에 납부해야 한다. 단, 매입세액이 매출세액을 초과하는 일반과세자는 부가가치세를 납 부하는 것이 아니라 환급받을 수 있으며, 세무서는 확정신고기한으로부터

30일 이내에 부가가치세를 환급한다. 참고로, 간이과세자는 매입세금계산서 등 수취 세액공제, 의제매입세액공제, 신용카드 매출전표 등 발급 세액공제 등의 합계액이 납부세액을 초과하더라도 부가가치세를 환급받을 수 없다.

일반적으로 부가가치세 환급은 확정신고기한에만 이루어지므로 6개월에 한 번씩만 가능하나, 다음의 요건을 갖춘 조기환급 대상자는 부가가치세를 보다 빠른 시기에 환급받을 수 있다. 이러한 조기환급 제도는 사업자의 자금상 부담을 덜어주기 위한 것으로 확정신고기한으로부터 15일 이내에 부가가치세가 환급되며, 예정신고기한에 대해서도 15일 이내에 부가가치세를 환급받을 수 있다. 또한, 부가가치세 예정신고기한 또는 확정신고기한이 아닌 월(예를 들어, 제1기 과세기간의 1월, 2월, 4월, 5월)에 대해서도 25일 이내에 과세표준 및 환급세액을 신고하면, 각 기간별로 15일 이내에 부가가치세를 환급받을 수 있다.

[조기환급 대상자]

① 영세율을 적용받는 사업자, ② 사업자가 사업설비를 신설·취득·확장 또는 증축하는 경우,
③ 사업자가 재무구조개선계획을 이행 중인 경우

4. 원천세 납부 및 지급명세서의 제출

원천징수 제도란 소득을 지급하는 자가 해당 소득을 지급할 때 소득을 지

급받는 자가 납부해야 할 세금을 국가를 대신해 미리 징수하여 세무서에 납부하는 제도를 말한다. 이를 통해 국가는 미리 세금을 확보할 수 있는 반면 소득을 지급받는 자에게는 세금을 분할납부하는 효과가 발생한다. 원천징수제도의 대표적인 예로는 사업자가 직원에게 급여를 지급할 때 일정 소득세 상당액을 원천징수한 후의 급여를 지급하는 것을 들 수 있다. 이 경우, 사업자는 해당 원천징수한 소득세를 세무서에 미리 납부하게 되고, 직원은 연말정산 과정 등을 통해 미리 원천징수된 소득세를 정산하게 된다. 사업자는 급여(근로소득) 이외에 이자, 배당, 일정 사업소득 등을 지급하는 경우에도 원천징수해야 한다.

즉, 사업자는 소득자에게 대가 등을 지급할 때 지급액에 일정한 세율을 곱해 원천징수하게 되는데 세율은 소득의 유형별로 다르며, 급여의 경우 법에서 정한 간이세액표에 따른 세액을 원천징수하게 된다. 이렇게 원천징수한 세금은 지급일의 다음 달 10일까지 세무서에 납부해야 하며, 이때 원천징수 이행상황신고서도 제출해야 한다.

한편, 사업자는 소득자의 인적사항, 지급액, 원천징수세액 등을 기재한 지급명세서를 그 다음 해 2월 말까지 세무서에 제출해야 한다. 다만, 사업소득, 근로소득, 퇴직소득, 종교인소득, 봉사료의 경우에는 지급명세서를 그 다음 해 3월 10일까지 제출해야 하며, 일용근로자의 근로소득은 지급일이 속하는 분기의 마지막 달의 다음 달 10일까지 제출해야 한다. 한편, 원천징수를 이행하지 않거나 지급명세서를 제출하지 않는 사업자에 대해서는 가산세가 부과될 수 있으므로 주의가 필요하다.

5. 조세지원제도 및 납세자의 권리구제 절차

1) 절세와 탈세

세금은 국가가 그 재정을 충당하기 위해 개별적인 보상 없이 납세자로부터 법률에 따라 징수하는 것이므로, 납세자 입장에서는 가능한 한 세금을 적게 내고자 하는 유인이 발생할 수 있다. 그러나, 수익금액 누락, 가공경비 계상, 허위계약서 작성 등 불법적인 방법을 통해 세금부담을 줄이려는 딜세행위에 대해서는 세법 및 조세범처벌법에서 강한 처벌 규정을 두고 제재한다. 특히, 이러한 탈세행위는 국가 재정을 축내는 행위일 뿐만 아니라 성실한 납세자에게 피해를 주는 행위이기도 하다.

그러나, 세법에서 인정하고 있는 합법적인 방법으로 세금을 줄이는 절세행위는 납세자의 당연한 권리라고 할 수 있다. 결국 탈세가 아닌 절세를 하기 위해서는 세법에 대한 충분한 이해가 필요하며, 법 테두리 안에서 세금을 줄일 수 있는 가장 유리한 방법을 찾을 필요가 있다. 창업을 하는 사업자라면 다음과 같은 일반적인 조세지원제도 및 납세자의 권리구제 절차 등에 대해 미리 알아둘 필요가 있다.

2) 소득세·법인세 관련 조세지원제도

우리나라의 조세지원제도 대부분은 조세특례제한법에서 규정하고 있다.

대표적인 조세지원제도로는 특정 사업 등에서 발생한 소득에 대해 세액의 일정비율을 감해주는 세액감면제도와 특정 투자행위 등에 대해서 그 투자금액에 일정비율을 곱한 금액을 공제하여 주는 세액공제제도가 있다.

이러한 세액감면제도와 세액공제제도는 모든 사업자에게 일률적인 방식으로 적용되는 것은 아니다. 조세특례제한법은 사업자의 규모에 따라 중소기업, 중견기업 및 대기업으로 구분해 규모가 영세한 중소기업에게 더 많은 세제 혜택이 부여되도록 다양한 세액감면제도와 세액공제제도를 규정하고 있다.

조세특례제한법에서 규정하는 중소기업이란 다음의 세 가지 기준을 모두 충족하는 기업을 말한다. 여기서 '③ 독립성 기준'은 모회사나 계열사가 존재하는 법인사업자 등에게 적용되는 기준이므로 자세한 설명은 생략한다.

---

① 업종 기준: 소비성서비스업(예: 호텔업, 주점업 등)을 주된 사업으로 영위하지 않을 것
② 규모 기준: 자산총액이 5,000억 원 미만이고, 매출액이 업종별로 중소기업기본법 시행령 별표 1에 따른 규모 기준 이하일 것(예: 음식점업 400억 원, 정보통신업 800억 원, 건설업 1,000억 원, 제조업 종류별로 800억~1,500억 원 등)
③ 독립성 기준: 자산총액 5,000억 원 이상인 법인의 자회사에 해당하지 않을 것 등

앞의 세 가지 기준을 모두 충족하는 중소기업이 적용받을 수 있는 대표적인 세액감면제도와 세액공제제도는 다음과 같다. 한편, 조세특례제한법상 조세지원제도는 대부분 일정 기간까지만 운용되는 한시적 제도인바, 실제 적용 시에는 조세특례제한법상 해당 조세지원제도가 유효한지 여부 등을 필히 확인할 필요가 있다.

(1) 창업중소기업 등에 대한 세액감면(조세특례제한법 제6조)

2021년 12월 31일 이전에 창업중소기업은 5년간 소득세 또는 법인세에 다음의 비율을 곱한 세액 상당액을 감면받을 수 있다. 여기서 창업이란 중소기업을 새로이 설립하는 것을 말하는 것으로서, 종전의 사업을 승계하거나 기존의 사업을 확장하는 경우 또는 개인의 사업을 법인으로 전환하는 경우 등은 원칙적으로 창업으로 인정되지 않는다. 또한, 세액감면을 적용받을 수 있는 업종은 제조업, 건설업, 음식점업, 출판업 등 법에 열거된 업종으로 제한되므로, 창업한 업종이 여기에 해당하는지에 대한 확인이 필요하다.

- 수도권과밀억제권역 외의 지역에서 창업한 청년창업중소기업: 100%
- 수도권과밀억제권역에서 창업한 청년창업중소기업 및 수도권과밀억제권역 외의 지역에서 창업한 창업중소기업: 50%

한편, 창업 후 3년 이내에 벤처기업육성에 관한 특별조치법에 따라 2021년 12월 31일까지 벤처기업으로 확인받은 중소기업의 경우에는 창업벤처중소기업 세액감면을 적용받을 수 있다(다만, 위에서 설명한 창업중소기업의 세액감면을 적용받는 경우는 제외한다). 따라서 벤처기업으로 확인을 받는 경우에는 해당 세액감면을 필히 검토할 필요가 있다.

(2) 중소기업에 대한 특별세액감면(조세특례제한법 제7조)

법에서 열거하는 감면 업종(도·소매업, 의료업, 제조업, 건설업, 출판업 등)을 경영하는 중소기업은 2020년 12월 31일 이전에 끝나는 과세연도까지 소득세 또는 법인세에 다음의 비율을 곱한 세액 상당액을 감면받을 수 있다. 다만, 세액감면액은 1억 원을 한도로 하며, 고용이 감소할 경우 한도가 더 줄어들 수 있음에 유의해야 한다.

구분		감면율*
소기업	도·소매업, 의료업을 경영	10%
	수도권 내 도·소매업, 의료업을 제외한 감면 업종을 경영	20%
	수도권 외에서 도·소매업, 의료업을 제외한 감면 업종을 경영	30%
중기업	수도권 외에서 도·소매업, 의료업을 경영	5%
	수도권 내 지식기반산업**을 경영	10%
	수도권 외에서 도·소매업, 의료업을 제외한 감면 업종을 경영	15%

* 10년 이상 감면 업종을 계속 경영한 성실사업자의 종합소득금액이 1억 원 이하인 경우 110%를 곱한 감면율을 적용한다.
** 엔지니어링사업, 전기통신업, 연구개발업, 전문디자인업, 소프트웨어 개발 및 공급업, 방송업, 정보서비스업 등

위의 표에서 소기업이란 중소기업 중 매출액이 업종별로 중소기업기본법 시행령 별표 3의 규모 기준 이하(예: 의료업 10억 원, 도·소매업 및 출판업 50억 원, 건설업 80억 원, 제조업 종류별로 80억~120억 원 등)인 기업을 말하며, 중기업은 소기업을 제외한 나머지 중소기업을 말한다.

(3) 중소기업 등 투자세액공제(조세특례제한법 제5조)
중소기업이 기계장치 등 사업용 자산에 2021년 12월 31일까지 투자하는

경우 해당 투자금액의 3%를 소득세 또는 법인세에서 공제받을 수 있다. 단, 해당 자산을 2년 내에 처분하거나 임대하는 경우에는 공제받은 금액을 다시 납부해야 함에 유의해야 한다.

(4) 특정 시설투자 등에 대한 세액공제(조세특례제한법 제25조)

중소기업이 2021년 12월 31일까지 법에서 열거하는 특정 시설에 투자하는 경우에는 해당 투자금액의 7~10%를 소득세 또는 법인세에서 공제받을 수 있다. 단, 해당 시설을 2년 내(건물·구축물은 5년 내) 처분하거나 임대하는 경우에는 공제받은 금액을 다시 납부해야 한다. 특정 시설의 종류와 공제율을 요약하면 다음과 같다.

특정 시설	공제율
연구시험용시설, 직업훈련용시설, 에너지절약시설, 생산성향상시설	7%
환경보전시설, 근로자복지 증진시설, 안전시설	10%

(5) 기타 세액공제 · 감면 등

앞서 설명한 세액공제·감면 이외에도 조세특례제한법에는 연구·인력개발비에 대한 세액공제(제10조), 고용을 증대시킨 기업에 대한 세액공제(제29조의 7), 법인전환에 대한 양도소득세의 이월과세(제32조), 수도권과밀억제권역 밖으로 이전하는 중소기업에 대한 세액감면(제63조) 등 정책 목적에 따른 다양한 조세지원제도가 있다. 이와 같은 모든 제도를 알고 있을 필요는 없지만, 사업자 입장에서 요건에 맞는 조세지원제도를 잘 적용하는 것이야말로 절세의 지름길이라고 할 수 있다.

3) 부가가치세 관련 조세지원제도

(1) 매입자발행 세금계산서 제도(부가가치세법 제34조의 2)

사업자가 매입세액을 공제받기 위해서는 물품 등을 구매할 때 매입세금계산서를 발급받아야 한다. 그러나, 매입자보다 경제적으로 우월한 지위에 있는 매출자가 과세표준 노출 등을 이유로 세금계산서의 발급을 거부하는 사례가 발생할 수 있다. 이러한 불합리를 방지하고 세원의 투명성을 높이기 위해서 부가가치세법에서는 매입자발행 세금계산서 제도를 두고 있다.

즉, 물품 등을 공급한 사업자가 세금계산서 발급시기에 세금계산서를 발급하지 않은 경우(공급대가가 10만 원 이상) 매입하는 사업자는 공급시기가 속하는 과세기간 종료일부터 6개월 이내에 입증서류를 첨부하여 거래사실확인 신청서를 세무서에 제출한 후 세무서로부터 거래사실확인 통지를 받은 경우 매입자발행 세금계산서를 직접 발행할 수 있다. 이렇게 매입자 스스로가 발행한 매입자발행 세금계산서를 통해 확인되는 매입세액은 부가가치세 매출세액에서 공제받을 수 있게 된다.

(2) 의제매입세액공제 특례(부가가치세법 제42조)

사업자가 농·축·수산물 또는 임산물(면세 농산물 등)을 매입한 경우 부가가치세의 면세가 적용되어 세금계산서를 발급받을 수 없게 되며, 매입세액공제도 적용받을 수 없다. 따라서, 유통의 중간 단계에서 면세가 되면 사업자의 원가를 구성하게 되고 매출 시점에 일시에 부가가치세를 과세하게 되어 면세의 효과가 최종 소비자에까지 유지되지 않으므로, 부가가치세법에서는 의제매입세액공제라는 제도를 두고 있다.

즉, 일반 과세사업자가 면세 농산물 등을 매입하고 원재료로 사용해 제조·가공한 물품 등을 판매하는 경우 면세 농산물 등의 가액에 다음의 공제율을 곱해 계산한 금액을 매입세액으로 공제받을 수 있다. 이때 의제매입세액공제는 일정한 한도 내에서만 공제되므로 이에 대한 확인이 필요하나.

구분		공제율
① 음식점업	⊙ 과세유흥장소의 경영자	104분의 4
	ⓒ ⊙ 외의 음식점 경영 개인사업자	108분의 8*
	ⓒ ⊙ 외의 음식점 경영 법인사업자	106분의 6
② 제조업	⊙ 과자점업, 도정업, 제분업 및 떡방앗간을 경영하는 개인사업자	106분의 6
	ⓒ ⊙ 외의 제조업을 경영하는 사업자 중 중소기업 및 개인사업자	104분의 4
	ⓒ ⊙ 및 ⓒ 외의 사업자	102분의 2
③ ① 및 ② 외의 사업		102분의 2

* 과세표준 2억 원 이하인 경우에는 2019년 12월 31일까지 109분의 9의 공제율을 적용한다.

간이과세자의 경우에도 면세 농산물 등에 대한 의제매입세액공제가 가능하나, 일반과세자와 비교할 때 업종이 음식점업과 제조업으로 한정되며 다음의 공제율이 적용된다.

구분		공제율
① 음식점업	㉠ 과세유흥장소의 경영자	104분의 4
	㉡ ㉠ 외의 음식점 경영 사업자	108분의 8*
② 제조업		106분의 6

* 과세표준 4억 원 이하인 경우에는 2019년 12월 31일까지 109분의 9의 공제율을 적용한다.

(3) 재고매입세액공제 특례(부가가치세법 제44조)

앞서 살펴본 바와 같이 간이과세자는 매입세액 중 업종별 부가가치율에 해당하는 금액만 공제를 받을 수 있다. 다만, 이미 매입세액의 일부에 대해서만 공제를 받은 간이과세자가 일반과세자로 변경되거나 간이과세를 포기하는 경우 일반과세자로서 매출세액을 전액 부담해야 하나 매입세액은 일부만 공제되는 문제점이 발생한다. 이에 대해서 부가가치세법에서는 간이과세자에서 일반과세자로 유형이 변경되는 경우 변경 당시의 재고품(상품, 제품, 재료), 건설 중인 자산 및 감가상각자산에 대해서 다음과 같이 계산한 금액을 매입세액으로 공제할 수 있는 제도를 두고 있다.

• 재고품 및 감가상각자산

재고매입세액 = 재고금액·취득가액 등 $\times \dfrac{10}{110} \times$ (1 − 업종별 부가가치율) × (1 − 경감률*)

　* 경감률: ① 건물 또는 구축물은 경과된 과세기간의 수에 10%를 곱한 금액
　　　　　　② 그 밖의 감가상각자산은 경과된 과세기간의 수에 50%를 곱한 금액
　　　　　　③ 재고품은 0

• 건설 중인 자산

재고매입세액 = 건설 중인 자산 관련 공제대상 매입세액 × (1 − 업종별 부가가치율)

[상담 사례 5]

Q. 일반과세자에서 간이과세자로 변경되는 경우 이미 공제받은 재고 등의 매입세액은 어떻게 되나요?

A. 일반과세자가 간이과세자로 변경되면 변경 당시의 재고품, 건설 중인 자산 및 감가상각자산 (매입세액을 공제받은 경우만 해당함)에 대해서는 다음과 같이 계산된 금액을 재고납부세액으로 납부해야 합니다(부가가치세법 제64조 및 같은 법 시행령 제112조).

- 재고품 및 감가상각자산

$$\text{재고납부세액} = \text{재고금액·취득가액 등} \times \frac{10}{100} \times (1 - \text{업종별 부가가치율}) \times (1 - \text{경감률}^*)$$

* 경감률: ① 건물 또는 구축물은 경과된 과세기간의 수에 5%를 곱한 금액
　　　　　② 그 밖의 감가상각자산은 경과된 과세기간의 수에 25%를 곱한 금액
　　　　　③ 재고품은 0

- 건설 중인 자산

$$\text{재고납부세액} = \text{건설 중인 자산 관련 공제받은 매입세액} \times (1 - \text{업종별 부가가치율})$$

4) 세무조사와 납세자 권리구제 제도

세무공무원은 적정하고 공평한 과세를 실현하기 위해 법에서 정한 최소한의 범위에서 세무조사를 할 수 있고, 이러한 세무조사 과정에서 세금이 추가로 고지될 수 있다. 세무공무원에 비해 세무지식이 부족한 납세자로서는 성실하게 세법에서 정한 의무를 이행했더라도 세무조사가 착수되면 어떻게 대응해야 할지 당황스러울 수 있다. 이에 법에서는 납세자가 세무조사를 받는 경우 전문지식을 가진 공인회계사 등으로부터 도움을 받아 세무조사에

참여하게 하거나 의견을 진술할 수 있도록 보장하고 있다.

세무조사 결과 추가로 징수할 세금이 있는 경우 세무서는 납세고지서를 발부하기 전에 미리 납세자에게 세무조사 결과를 통지해야 한다. 납세자는 세무조사 결과 통지의 내용에 이의가 있으면 통지일로부터 30일 이내에 과세전적부심사청구를 통해 권리를 구제받을 수 있다.

세금이 고지된 이후에도 정당한 처분을 받지 못해 억울한 납세자는 해당 통지일로부터 90일 이내에 이의신청, 심사청구, 심판청구와 같은 불복 제도를 활용하여 권리를 구제받을 수 있도록 하고 있다. 이러한 불복 제도에 있어서도 청구인은 공인회계사 등의 대리인을 선임하여 도움을 받을 수 있다.

5) 세금을 덜 냈으면 수정신고, 더 냈으면 경정청구

사업자가 세금을 신고·납부했으나, 나중에 세금을 잘못 낸 사실을 알게 됐다면 수정신고나 경정청구 제도를 통해 이를 바로잡을 수 있다. 수정신고는 사업자가 내야 할 세금을 적게 신고·납부했을 때 스스로 신고 내용을 바로잡는 것인데, 이러한 수정신고는 납세자에게 과소신고 가산세 등의 감면을 받을 수 있는 기회를 제공한다.

수정신고와는 반대로, 경정청구는 사업자가 내야 할 세금보다 더 많은 세금을 신고·납부했을 때 세무서에 과다하게 낸 세금을 돌려달라고 청구하는 것을 말한다. 일반적으로 신고기한이 지난 후 5년 내에 경정청구가 가능한데, 예외적으로 5년이 경과했더라도 계약 해제 등의 후발적 사유가 있는 경우에는 그 후발적 사유 발생일로부터 3개월 이내에 후발적 경정청구를 할 수 있다.

이상으로 자영업자들이 반드시 알아야 할 세금에 관해 살펴보았다. 세금을 내는 것은 사업자 이전에 국민으로서의 의무다. 기분 좋으면 더 내고, 기분 나쁘면 덜 내는 것도 아니며, 수입이 많을 때만 내고 수입이 적을 때는 안 내도 그만인 것 또한 아니다. 소득이 있는 곳에는 반드시 세금이 있다. 어떤 세금을 언제 얼마나 내야 할지는 정해진 법과 원칙에 따르면 된다. 사업이 날로 번창해서 갈수록 세금을 더 많이 낸다면 개인도 회사도 국가도 모두가 행복한 세상이 되는 것이니 이보다 좋을 수 없을 것이다. 이제 4장 '경영 의사결정에 필요한 원가에 대해 알아보자'에서는 원가정보를 이용한 의사결정에 대해 상세하게 알아보도록 하자.

• **조한철 파트너**는 서강대학교 경영학과를 졸업하고 서울시립대학교 세무학과에서 세무학 석사를 취득했다. 1995년 삼일회계법인에 입사해 Assurance 업무를 시작했고 1998년 삼일회계법인 Tax 부서에 합류해 현재까지 Tax Advisory Service 업무를 제공하고 있다.
• **공성덕 디렉터**는 한양대학교 경제금융학부를 졸업하고 2007년부터 삼일회계법인 Assurance 부서에서 업무를 시작했고, 2011년 삼일회계법인 Tax 부서에 합류해 현재까지 Tax Advisory Service 업무를 제공하고 있다.

• 3장에서 기술한 세금 관련 내용은 세법개정 등으로 변경될 수 있는바, 실제 적용 시에는 적용 당시 유효한 세법내용을 필히 확인할 필요가 있다.

4장

경영 의사결정에
필요한 원가에 대해 알아보자

박종성 숙명여자대학교 경영학부 교수, 공인회계사
정주렴 서울시립대학교 경영대학 교수, 공인회계사

경영 의사결정에 필요한 원가에 대해 알아보자

박종성 (숙명여자대학교 경영학부 교수, 공인회계사)
정주렴 (서울시립대학교 경영대학 교수, 공인회계사)

1. 원가는 무엇인가?

　회계에는 재무회계와 관리회계가 있다고 했다. 기업 외부에 있는 정보이용자를 위해 작성되는 회계를 재무회계라고 하고, 기업 내부에 있는 정보이용자를 위해 작성되는 회계를 관리회계라고 한다. 관리회계는 경영자나 관리자들이 알고 싶은 사항에 대해 형식의 제한 없이 의사결정에 적합한 정보를 속속들이 제공해준다. 따라서 관리회계를 잘 알면 내 사업체를 효율적으로 운영할 수 있다.

　관리회계는 원가계산(원가회계)을 포함한다. 원가정보는 가격 결정 등 경영자의 의사결정과 밀접한 관계를 가지므로 관리회계의 일부분인 것이다. 정확한 원가정보는 내 사업체의 실상을 알게 해준다. 내가 얼마나 버는지 헤

아리려면 얼마가 나가는지를 계산할 수 있어야 한다. 그리고 경영자는 이를 바탕으로 올바른 선택을 할 수 있다. 대표적인 예로는 원가회계를 고안한 '웨지우드'의 창립자 조사이어 웨지우드Josiah Wedgwood를 들 수 있다. 그는 회계 정보(원가정보)를 이용한 관리적 의사결정으로 웨지우드를 굴지의 도자기 회사로 일구어냈다.

원가란, 소비자에게 물건 또는 서비스를 제공하기 위해 관련 제품을 제조하거나 상품을 구매, 판매하고 관리하는 데 소요되는 모든 비용을 가리킨다. 여기서 제품이란 소비자에게 제공하기 위해 회사에서 직접 만든 것을 말하고, 상품이란 완제품 상태로 제조사로부터 사 온 것을 말한다.

커피 전문점을 예로 들어보자. 커피 전문점을 경영하기 위해서는 기본적으로 커피를 만들기 위한 원두, 우유, 시럽, 컵 등의 재료와 아르바이트생에게 지불하는 인건비, 전기료, 수도료, 커피 기계 감가상각비 등의 각종 경비, 그리고 광고비, 임차료 등의 판매 및 관리를 위한 비용 등이 전부 얼마나 지출되는지를 알아야 한다. 이러한 비용은 모두 원가에 포함된다. 참고로, 감가상각비는 제품을 만들기 위해 구입한 기계 등의 구입금액을 사용할 수 있는 기간에 걸쳐 나누어 원가로 인식하는 것을 의미한다. 기계는 올해만 사용하고 버리는 것이 아니라 몇 년 동안 사용할 수 있으므로, 구입한 금액을 모두 올해 원가로 계산하는 것보다 사용 기간에 걸쳐 배분하는 것이 적절하다. 이에 대한 상세한 설명은 2장 '알쏭달쏭한 회계 이슈를 풀어보자'를 참고하기 바란다. 그럼, 원가란 무엇인지 간단한 사례를 살펴보자.

[사례 1]　　강지혜 씨는 평소 충정커피를 즐겨 찾는다. 가격이 부담되기는 하지만, 다른 커피 전문점보다 맛이 다양하고 향이 좋아서 그 정도 가격은 지불할 수 있다고 생각한다. 그러던 어느 날, 커피 전문점에서 아르바이트를 하는 친구의 이야기를 듣고 깜짝 놀랐다. 통상 웬만한 상품의 원두는 kg에 30,000원 안팎이며, 1kg이면 대략 130~140잔을 뽑아낸다는 것이다. 그렇다면 아메리카노 1잔 가격이 214~230원이라는 것인데, 이제까지 원가가 300원도 안 되는 아메리카노를 4,000원 넘게 주고 마셨다는 것인가?

우리는 일상생활에서 원가라는 표현을 많이 쓰지만, 구체적으로 원가가 무엇을 의미하는지 물어보면 제대로 대답하기가 어렵다. [사례 1]에서 강지혜 씨가 커피 한 잔의 원가에 단지 원두만 포함된다고 생각했듯이, 대개 원가에는 해당 제품을 만드는 데 들어가는 재료비(재료원가)만 포함된다고 생각하기 쉽다. 하지만 그렇지 않다. [사례 2]를 한번 보자.

[사례 2]　　신문수 씨는 커피 전문점 창업을 준비하고 있다. 최근에는 1,000~2,000원대의 저가 커피가 인기를 끄는 것 같아서 저가 커피 프랜차이즈 위주로 알아보고 있다. 그러나 저가 커피 전문점을 운영하는 한 점주를 만나고서는 고민이 깊어졌다. 그는 본사에서 책정한 가격으로 커피를 팔면 하루에 700잔을 팔아도 본전을 뽑기 힘들다고 했다. 또 700여 잔을 팔려면 아르바이트생을 고용할 수밖에 없는데 인건비 때문에 수익성이 더욱 낮다고 했다.

커피 한 잔의 원가가 300원도 채 안 된다면, 무려 원가의 3배에서 7배 가까이 높은 가격인 1,000~2,000원에 커피를 파는데 왜 수익성이 낮은 걸까? 커피 원가에는 원두 외에 다른 원가들이 포함되기 때문이다.

1) 원가를 분류해보자

구체적으로 원가항목을 구분해보자. 사업의 규모가 작을 때는 원가 세부 항목별(예: 원두, 우유, 컵, 아르바이트생 시급, 임차료, 전기료 등)로 나열해서 원가를 계산할 수 있지만, 사업의 규모가 커질수록 보다 체계적으로 분류해야 원가의 변동을 파악하거나 향후 여러 의사결정에 사용하기 쉽다. 원가항목 구분은 업종(제조업, 소매업, 서비스업)에 따라 차이가 있다.

제품을 만들어 판매하는 제조업의 경우 우선 제품을 제조하는 데 원가가 발생한다. 이를 제품제조원가라고 한다. 제품제조원가는 제품을 제조하는 공장에서 발생하는 모든 원가가 포함된다고 생각하면 쉽다. 실무적으로는 보통 재료원가, 노무원가, 경비 세 가지로 분류한다. 재료원가는 제품 제조에 투입되는 원재료의 소비액이고, 노무원가는 제품을 만드는 사람들에게 지급되는 임금, 상여금, 복리후생비 등을 의미한다. 마지막으로 경비에는 재료원가와 노무원가를 제외한 나머지 비용, 즉 공장을 운영하는 데 필요한 임차료, 전기료, 수도료 등이 포함된다. 소매업(상품 매매업)의 경우는 완성된 제품을 제조업체로부터 구매하여 소비자에게 판매하므로 제조원가가 필요하지 않다. 대신, 판매할 상품을 구매하는 데 필요한 상품취득원가가 발생한다. 서비스업도 제품을 제조하지 않으므로 재료원가는 없으나 해당 서비스를 제공하기 위한 인건비 및 경비가 포함된 용역원가가 발생한다.

원가는 앞에서 설명한 제품 또는 상품(서비스)을 생산·구매하기 위한 원가 외에 판매비와관리비도 포괄한다. 판매비와관리비는 말 그대로 제품(상품, 서비스)을 판매하고 관리하는 데 필요한 모든 비용을 의미한다. 판매비는 판매를 촉진하기 위한 판매사원 인건비, 광고비, 수수료 비용(프랜차이즈 비용) 등이 해당되고, 관리비는 사업장을 유지하는 데 필요한 관리직원 인건비, 임차료, 전기수도료, 세금과공과 등을 예로 들 수 있다.

사업을 하고 있다면 원가를 앞의 그림에서 표시한 항목으로 크게 구분하되, 그 안에서 최대한 세부 항목으로 분류해두는 것이 향후 원가절감이나 신제품 출시 등 의사결정을 할 때 도움이 된다. 예를 들어 복사기에 필요한 소모품의 경우 종이, 컬러 토너, 흑백 토너, 정기수리비 등으로 자세히 구분하는 것이 좋다. 정확하고 자세한 원가 계산이야말로 사업체를 효율적으로 운영하기 위한 출발선이라는 것을 잊지 말아야 한다.

아울러 알아둘 점은 제품제조원가는 판매되기 전까지는 자산(재고자산)으

로 기록된다는 점이다. 고객에게 판매될 때 비로소 비용인 매출원가로 기록된다. 소매업(상품 매매업)은 상품취득원가가 재고자산으로 기록되며, 판매 시점에 매출원가가 된다.

2) 변동비와 고정비를 구분하자

[사례 3]　박철구 사장은 직원 3명과 함께 조립이 가능한 책장을 제조하여 판매하는 ㈜서대문 책장을 운영하고 있다. 직원들은 각각 구매·판매·관리·제조를 담당하는 필요한 최소 인원으로만 구성되어 있다. 창업 초기에는 힘들었으나 최근 1인 가구가 늘고 입소문이 나면서 주문량이 점차 증가하고 있다. 올해 판매량은 매달 평균 500개 정도다. 그런데 지난주에 근처 대형 할인점에서 상품 입점 제안을 받았다. 매달 100개를 판매하라는 말에 처음에는 아주 기뻐했지만, 가격을 소비자가보다 20% 할인해야 해서 다른 제품보다 마진율이 낮다. 대형 할인점 입점이 이익일지 아니면 힘만 들고 남는 것은 없을지 정확하게 판단이 서지 않아 고민이다.

　판매량이 증가하거나 감소하는 경우 이익이 어떻게 변동하는지 알아보기 위해서는 전체 원가를 **변동비**(변동원가)와 **고정비**(고정원가)로 구분할 수 있어야 한다. 변동비란 판매량(또는 생산량)이 증가하거나 감소할 때 그에 비례하여 함께 변동하는 원가이고, 고정비란 판매량(또는 생산량)이 증가하거나 감소하더라도 변동 없이 일정하게 유지되는 원가다.

　이렇게 총원가를 변동비와 고정비로 구분하게 되면, 기업이 판매하는 제품(상품)의 총원가는 다음의 수식과 같이 계산할 수 있다.

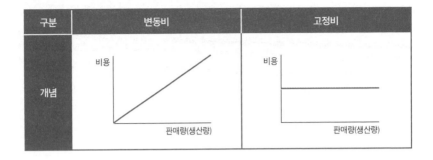

구분	변동비	고정비
개념	비용 / 판매량(생산량)	비용 / 판매량(생산량)

세품의 총원가 = 제품 1개당 변동비 × 판매수량(생산수량) + 고정비

[사례 3]에서 대형 할인점 입점을 통해 판매량이 100개 증가하게 되면, 그만큼 회사의 수익이 증가하면서 변동비도 비례하여 증가한다. 그러나 고정비는 변동하지 않는다. 따라서 변동비와 고정비를 명확하게 구분하여 대형 할인점 입점을 통해 증가하는 수익과 비용을 정확하게 비교할 수 있어야만 올바른 의사결정을 할 수 있다. 그렇다면 ㈜서대문책장의 경우 어떤 것이 변동비이고 어떤 것이 고정비인가? 책장을 만드는 데 사용되는 나무나 부품, 상자, 건당 발생하는 배송비 등은 판매량이 증가함에 따라 더 많이 발생하므로 변동비다. 이에 반해 임차료나 현재 고용하고 있는 직원 3명의 인건비는 판매가 잘 되든 안 되든 일정하게 지출해야 하는 고정비에 해당한다. 따라서 추가적인 판매량 증가를 위해 대형 할인점 입점을 고려하는 박철구 사장의 경우에는 판매량이 증가할 때 함께 증가하는 수익과 변동비를 비교하여 의사결정을 하면 된다.

앞에서 분류한 원가항목, 즉 재료원가, 노무원가, 경비, 판매비와관리비 항목을 어떻게 변동비와 고정비로 나눌 수 있을지 생각해보자. 우선 재료원가의 경우, 판매량(생산량)이 증가하면 더 많이 소비되므로 함께 증가하는 항목이다. 따라서 일반적으로 변동비로 분류한다. 소매업에서의 상품취득원가도 마찬가지다. 노무원가는 판매량(생산량) 변동에 따라 고용을 늘리거나 줄이는 것이 불가능하다면 고정비로, 가능하다면 변동비로 볼 수 있다. 경비 및 판매비와관리비의 경우에는 고정비 항목(임차료 등)과 변동비 항목(공장 하수도료, 전기료 등)이 혼재되어 있으므로, 세부 항목별로 구분해보아야 한다.

이렇게 전체 원가를 변동비와 고정비로 구분하다 보면 구분이 어려운 항목들이 발견된다. 영업에 사용하는 휴대전화 요금의 경우가 그렇다. 기본료는 사용량과 관계없이 부과되므로 고정비다. 그러나 통화요금 및 문자 메시지 사용료는 판매증감에 따라 사용량이 변동되면 같이 움직이므로 변동비다. 두 가지 분류가 섞여 있는 것이다. 법인고객에게 제공하는 판매촉진비도 해당 고객의 판매에 비례해서 제공하지만, 판매량이 일정 수량 이상이 되면 더 증가하지 않는 구조일 경우, 고정비인지 변동비인지 구분하기 애매하다.

또한, 상황이 바뀌면 고정비가 변동비로 변경되는 경우도 있고, 변동비가 고정비로 변경되는 경우도 있다. [사례 3]에서 박철구 사장이 대형 할인점 입점 여부를 판단할 때 만일 추가적으로 대형 할인점 판매직원을 고용해야 한다면, 해당 직원의 인건비는 변동비가 된다. 그러나 일단 입점하게 되면 그 직원의 인건비는 판매량과 관계없이 일정하게 발생하는 고정비 성격으로 바뀐다. 따라서 변동비와 고정비 구분은 주기적으로 점검할 필요가 있다.

사업을 할 때 변동비와 고정비를 잘 구분해두면 의사결정을 하는 데 어떤 이점이 있을까? 각각의 원가항목이 정확하게 구분되어 있다면 제품 몇 개를 팔아야 이익이 남을지, 신제품 가격은 최소한 얼마를 받아야 할지, 제품 생산을 중단하거나 신제품을 출시하는 경우 얼마나 이익이 변동할지 등에 대한 의사결정을 할 수가 있다('3. 의사결정에 원가정보를 활용하자'를 참고). 이를 위해서는 우선, 회사에서 발생하는 원가를 세부 항목별로 나열해서, 어떤 항목이 변동비이고 어떤 항목이 고정비인지 분류하는 작업부터 시작해야 한다.

3) 직접원가와 간접원가를 구분하자

[사례 4]　강마루 사장은 이사 및 청소 업체인 ㈜충정이사청소를 운영하고 있다. 이사부서와 청소부서는 각각 해당 부서장이 총괄하고 있다. 어느 날, 청소부서에 있는 부서장이 강마루 사장에게 찾아와서 불평을 늘어놓았다. 청소부서 직원들은 매일 정해진 시간에 열심히 일해서 평판도 좋고, 이에 따라 주문도 계속 밀려들고 있는데 이에 대한 보상이 없다는 것이다. 이사부서에 있는 직원들은 이사 예약이 있는 날에만 일하고, 이삿짐이 적어 일이 빨리 끝나는 날은 일찍 퇴근하므로 형평성에 맞지 않는다고 한다.
이 말을 들은 강마루 사장은 이사부서와 청소부서가 각각 전체 수익에 얼마씩 기여하는지 궁금해졌다. 만일 청소부서장의 말대로 청소부서가 훨씬 수익성이 좋다면, 보너스를 챙겨줘서 사기를 북돋아 줄 수도 있을 것 같다. 또 주기적으로 부서별 수익을 비교해서 발표하고 그에 따른 보너스를 따로 지급한다면 서로 선의의 경쟁을 함으로써 전체적인 수익도 늘어나지 않을까 하는 욕심도 생긴다.

강마루 사장은 이사부서와 청소부서의 이익이 각각 얼마나 되는지를 계산하려고 한다. [이익=수익−원가]이므로, 각 부서의 이익을 계산하기 위해서는 부서별로 수익과 원가를 집계해야 한다. 수익은 부서별로 판매량과 가격을 정리하면 쉽게 집계할 수 있다. 하지만 원가는 각 부서에서 발생하는 원가가 있고, 두 부서에서 공통으로 발생하는 원가가 있다. 이 두 가지 원가를 구분해야만 각 부서별 이익을 계산할 수 있다.

회계 용어로 각 부서에 따라 분리할 수 있는 원가를 **직접원가**라 하고, 여러 부서에서 공통적으로 사용되기 때문에 어떤 특정 부서를 위한 원가로 구분할 수 없는 원가를 **간접원가**라 한다. [사례 4]에서 각 부서 직원의 월급은 부서로 분리할 수 있으므로 직접원가에 해당한다. 이에 반해 청소 및 이사 주문을 동시에 받는 콜센터 직원의 인건비나 공동으로 사용하는 트럭 관련 비용, 사무실 임차료 등은 각 부서로 분리할 수 없으므로 간접원가에 해당한다.

어떤 제조기업이 여러 제품을 판매할 때 각 제품별로 얼마나 이익이 나는지를 비교하고자 할 때도 마찬가지다. 각각의 제품으로 분리할 수 있는 직접원가와 공통적으로 발생하는 간접원가를 분리하여 각 제품에 정확하게 원가를 배부하는 것이 중요하다. 이때 직접원가는 각 제품의 원가로 분리하면 되므로 어렵지 않다. 하지만 간접원가의 경우에는 항목별로 합리적인 기준을 정해 제품에 나누어주어야 한다(이를 회계용어로 배부라 한다). 이런 과정을 통해 제품별 손익을 계산함으로써 어떤 제품이 회사에 더 도움이 되는지, 어떤 제품이 개선할 필요가 있는지 등에 대한 정확한 의사결정을 내릴 수 있다.

4) 통제가능원가와 통제불능원가를 구분하자

원가는 통제가능원가와 통제불능원가로도 구분할 수 있다. **통제가능원가**

는 내 의사나 노력에 따라 지출할지 말지, 얼마를 지출할지를 결정할 수 있는 원가이고, **통제불능원가**는 내 의사나 노력에 관계없이 변경이 불가능한 원가다. 최고경영자 입장에서 보면 회사 내부에서 발생하는 원가 대부분이 통제가능원가에 해당할 것이다. 그러나 취·등록세나 관세 등 법규에 따라 결정되거나 백화점 수수료 등 고객에 의해 결정되는 원가 등은 통제불능원가에 속한다. 아무리 최고경영자라 해도 변경할 수가 없는 원가인 것이다.

최고경영자가 아닌 부서장이나 직원이라면 자신이 맡은 업무에 해당하는 원가만이 통제가능원가가 된다. 업무의 효율을 위해 내가 통제할 수 있거나 그렇지 않은 원가의 범위를 명확히 해두는 것이 중요하다.

2. 제품별 원가를 계산해보자

1) 제품별 원가를 집계하자

원가가 무엇이고, 어떻게 구분해야 하는지를 이해했다면, 이제는 제품별로 어떻게 원가를 정확히 계산할 것인지 알아볼 차례다. 각 제품이 얼마나 이익을 창출하는지 구분해서 계산하려면, 우선 총원가를 집계한 후 해당 원가를 직접원가와 간접원가로 나눠야 한다.

A 커피 전문점을 예로 들어 계산해보자. A 커피 전문점에서는 아메리카노와 라떼를 판매하고 있는데, 각각의 이익을 계산해보려 한다. 1월 판매량

은 아메리카노 1,500잔, 라떼 1,000잔으로 총 2,500잔이다. 1월 총원가는 집계하여 굵은 선으로 표시했다. 직접원가와 간접원가를 구분해보자.

우선 재료원가(원두, 우유 등)는 아메리카노와 라떼 각각 구분하여 집계할 수 있는 직접원가에 해당한다. A 커피 전문점은 정확하게 계량하여 커피를 제조하는데, 아메리카노는 잔당 500원, 라떼는 잔당 700원의 재료원가가 필요하다고 가정해보자. 그러면 아메리카노는 750,000원(=1,500잔×잔당 500원), 라떼는 700,000원(=1,000잔×잔당 700원)의 재료원가가 발생한다. 이를 직접원가에 각각 집계하면 된다.

노무원가는 아르바이트생 2명에 대한 인건비 2,000,000원이 발생한다. 아

항목		총원가	직접원가		간접원가
			아메리카노 (1,500잔)	라떼 (1,000잔)	
제품제조원가	재료원가 원두, 우유, 컵 등	1,450,000원	(잔당 500원) 750,000원	(잔당 700원) 700,000원	
	노무원가 아르바이트생 2명	2,000,000원			2,000,000원
	경비 원두기계 감가상각비 우유기계 감가상각비	300,000원 50,000원		50,000원	300,000원
판매관리비 라떼 홍보비 임차료 전기료 등 인테리어 감가상각비		100,000원 1,500,000원 300,000원 700,000원		100,000원	1,500,000원 300,000원 700,000원
합계		6,400,000원	750,000원	850,000원	4,800,000원

르바이트생들은 커피 종류와 관계없이 주문받은 순서대로 만들기 때문에 관련 원가는 각 제품으로 구분할 수 없는 간접원가에 해당한다. 경비는 커피를 만드는 기계에 대한 감가상각비만 발생한다. 원두기계는 두 제품에 모두 사용하므로 제품별로 분리할 수 없는 간접원가이고, 우유기계는 라떼에만 사용하므로 라떼원가로 분류할 수 있는 직접원가다.

판매비와관리비는 임차료, 전기료, 인테리어 비용 모두 제품별로 분리하는 것이 불가능한 간접원가다. 라떼의 판매를 촉진하기 위해 시행한 홍보비(라떼 1잔당 100원 할인)는 라떼에만 해낭하는 원가이므로 직접원가로 구분한다.

2) 정확한 원가 배부가 중요하다

직접원가는 제품별로 구분할 수 있으니 아무 문제가 없다. 그러나 간접원가를 제품별로 어떻게 나눌 것인지가 문제다. 가장 합리적인 방법은 해당 원가가 발생하는 이유(회계용어: 원가동인)를 찾아 해당 기준대로 구분하는 것이다.

A 커피 전문점의 경우 간접원가 중 아르바이트생 노무원가나 원두기계 감가상각비는 커피를 제조함으로써 발생한다. 따라서 커피 제조량에 따라 배부하면 합리적이다. 즉, 아메리카노는 1,500잔, 라떼는 1,000잔을 제조하므로 이 비율에 따라 배부하는 것이다. 그러나 임차료나 매장 전기료 등은 많이 팔리는 제품에 더 많이 들어가는 것은 아니다. 판매가 거의 없어도 일정 비용을 내야 하므로, 각 제품에 똑같이 배부한다. 고객이 많을수록 책상과 의자 등이 낡게 될 테니 인테리어 감가상각비는 판매량에 따라 배부한다.

원가항목	간접원가	원가동인	배부	
			아메리카노	라떼
노무원가	2,000,000원	커피 제조량	2,000,000원×1,500잔÷2,500잔 =1,200,000원	2,000,000원×1,000잔÷2,500잔 =800,000원
원두기계 감가상각비	300,000원	커피 제조량	300,000원×1,500잔÷2,500잔 =180,000원	300,000원×1,000잔÷2,500잔 =120,000원
임차료	1,500,000원	제품 수	750,000원	750,000원
전기료 등	300,000원	제품 수	150,000원	150,000원
인테리어 감가상각비	700,000원	커피 판매량	700,000원×1,500잔÷2,500잔 =420,000원	700,000원×1,000잔÷2,500잔 =280,000원

배부 기준의 선택에는 정해진 규칙은 없다. 해당 사업의 영업활동을 충분히 고려하여 가장 합리적인 방법을 찾아 배부하면 된다.

3) 제품별 이익을 계산해보자

제품별로 원가를 모두 배부했다. 그럼 이제 제품별로 이익을 계산할 수 있다.

항목	아메리카노	라떼	합계
판매량(A)	1,500잔	1,000잔	2,500잔
잔당 판매가격(B)	3,000원	3,500원	
수익(C=A×B)	4,500,000원	3,500,000원	8,000,000원

항목	아메리카노	라떼	합계
제품제조원가(D)			
재료원가	750,000원	700,000원	1,450,000원
노무원가	1,200,000원	800,000원	2,000,000원
원두기계	180,000원	120,000원	300,000원
우유기계	-	50,000원	50,000원
판매비와관리비(E)			
라떼 홍보비	-	100,000원	100,000원
임차료	750,000원	750,000원	1,500,000원
전기료 등	150,000원	150,000원	300,000원
인테리어	420,000원	280,000원	700,000원
이익(F=C-D-E)	1,050,000원	550,000원	1,600,000원
개당 이익(G=F÷A)	700원	550원	

아메리카노는 총 1,050,000원(잔당 700원), 라떼는 550,000원(잔당 550원)의 이익이 발생한다. 라떼 홍보비를 감안하더라도 라떼가 더 수익성이 낮은 것이다. 라떼의 낮은 수익성을 아메리카노와 비슷하게 맞추려면 가격을 올리거나 재료원가(우유)를 낮추는 방법을 생각해봐야 한다.

이와 같은 방식의 배부가 익숙해지면, 이제 서비스별 또는 부서별로도 수익 및 원가를 계산하여 각각의 이익을 산출할 수 있다. 위의 표와 마찬가지로 분리해서 이익을 계산하면 효율적으로 영업활동을 수행하는 서비스 또는 부서를 명확하게 파악할 수 있다.

3. 의사결정에 원가정보를 활용하자

이상으로 기본 개념은 다 익혔다. 그러면 이제부터 다양한 사례를 통해 원가 개념을 의사결정에 어떻게 활용할 수 있을지에 대해 생각해보자.

1) 얼마를 팔아야 이익이 남을까?

[사례 5]   김선영 씨는 직장을 그만두고 여성복 판매 인터넷 사이트를 창업하려고 한다. 시작 단계이므로 일단 계절에 맞는 원피스만 판매해보려 한다. 홈페이지는 업체 행사로 무료로 구축할 수 있으나, 매년 유지보수비 100,000원을 지급해야 한다. 또한, 인터넷 광고 비용으로 매달 300,000원 정도를 지출 예정이다. 남대문 여성복 시장을 돌아다니며 알아보니 최신 유행하는 원피스를 1벌당 10,000원에 구매 가능할 것으로 보인다. 판매가는 다른 사이트에서 판매하는 가격보다는 조금 싸게 20,000 원으로 책정하려 한다. 이 정도면 드는 돈도 별로 없으니 괜찮을 것 같은데, 몇 벌이나 팔아야 손해를 안 보는지 궁금하다.

(1) 손익분기점 계산

김선영 씨가 알고 싶은 판매량, 즉 손해를 보지 않는 최소한의 판매수량을 손익분기점 판매량이라 한다. 그럼, 김선영 씨가 계획하는 사업의 손익분기점을 한번 계산해보자. 손익분기점에서는 벌어들인 총수익과 사용한 총비용이 정확하게 일치하게 되므로, 다음 식에서 총수익(①)과 총비용(②)이 일치하는 판매량을 구하면 된다.

손익분기점을 나타내면 다음과 같다. 총수익과 총비용이 일치하는 지점이 손익분기점이며, 총비용은 변동비와 고정비의 합이다. 그리고 총수익이 총비용을 초과하는 만큼 이익이 발생한다.

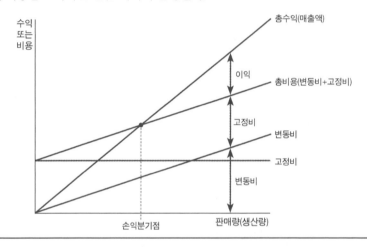

판매량과 관계없이 무조건 발생하는 고정비는 매달 홈페이지 관련 100,000원과 광고비 300,000원을 합한 400,000원이다. 개당 판매가는 일단 20,000원으로 정했고, 변동비는 상품구입비인 1벌당 10,000원이다. 이 정보로 손익분기점을 구해보면 다음과 같다.

$$\text{손익분기점} = 400,000원 \div (20,000원 - 10,000원) = 40벌$$

계산해보니 한 달에 원피스 40벌은 팔아야 손해 보지 않고 본전이 된다.

(2) 목표이익 달성을 위한 수량 계산

김선영 씨가 직장을 다닐 때 월급이 2,000,000원이었다고 가정해보자. 김선영 씨는 이 사업으로 최소한 직장 다닐 때 월급의 절반 정도는 벌고 싶다. 그렇게 되려면 총 몇 벌을 팔아야 할까?

앞의 계산과 같이 손익분기점 수량은 40벌이다. 40벌 이상을 팔면 어떻게 될까? 그때부터 1벌당 10,000원(=판매가 20,000원-변동비 10,000원)씩 남는 것이다. 이럴 경우 1,000,000원의 이익을 내기 위해서는 얼마나 더 팔아야 할까? 간단하다. 100벌을 더 팔아야 한다. 그러니까 손익분기점에 해당하는 수량인 40벌에 이익을 내기 위한 수량인 100벌을 합쳐서 총 140벌을 팔아야 이전 월급의 절반인 1,000,000원을 벌 수 있다.

이때 가격이나 원가가 변동하면 손익분기점도 변동한다는 사실에 주의해야 한다. 가격을 낮추거나 원가가 증가하면 손익분기점도 증가하게 된다. [사례 5]에서 가격을 조금 높여도 잘 팔릴 것으로 예상해 판매가를 30,000원으로 올린다면, 손익분기점은 20벌[=400,000원÷(30,000원-10,000원)]로 낮아지게 된다. 또한, 이익 1,000,000원을 달성하기 위해서는 손익분기점을 초과하여 50벌을 더 팔면 되므로 총 70벌을 팔면 된다.

2) 손해 보지 않고 얼마까지 가격을 낮출 수 있을까?

> [사례 6]   ㈜서대문복사기는 기업을 대상으로 하는 복사기 관리 업체다. 대형 복사기 1대당 월
> 200,000원을 받고 주기적으로 관리하고 있다. 그런데 몇 달 전부터 고객들이 가격 할인을 요구하
> 는 경우가 생기기 시작해서 알아보니, 근처에 새로 문을 연 경쟁업체가 가격을 대폭 할인한다는 내
> 용의 전단지를 돌리고 있다고 한다. 김길동 사장이 급하게 전단지를 받아서 보니, 2개월 내 1년 계
> 약을 할 경우 월 150,000원에 제공하겠다는 것이 아닌가! 고객들을 유지하기 위해서는 ㈜서대문복
> 사기도 당분간 세일을 해야 할 것 같은데, 최소한 손해는 보지 않으면서 얼마나 가격을 낮출 수 있
> 을지 고민이다.

이 경우에도 앞서 배운 손익분기점 개념을 이용해 의사결정에 도움을 받
을 수 있다. ㈜서대문복사기의 월별 원가를 변동비와 고정비로 나누어보자.

항목	변동비	고정비
변동비 　복사기 관리비	대당 30,000원	
고정비 　수리직원 인건비 　임차료 　기타 고정비		10,000,000원 500,000원 1,500,000원

㈜서대문복사기가 100대를 관리할 때 이익이 0원이 되는 판매가격을 계
산해보면 다음과 같다. 다만 이 가격은 판매량에 따라 달라질 수 있다. 즉,
100대를 관리할 경우 경쟁사가 제시하고 있는 가격인 150,000원만큼 낮추면
이익이 0원이 된다는 결론이 나온다. 그럼에도 불구하고 김길동 사장이 가
격 경쟁에 뛰어들지, 아니면 다른 추가적인 서비스 제공을 통해 고객을 유지

하면서 가격은 그 이상으로 유지할지는 전적으로 사업적인 선택이 된다.

- 총수익 = 판매가격 × 100대
- 총원가 = 30,000원 × 100대 + 12,000,000원
- → 이익 = 수익 - 원가 = (판매가격 - 30,000원) × 100대 - 12,000,000원 = 0원
- → 판매가격 = 150,000원

그러나 가격 경쟁은 오래 유지될 수 없다. 가격을 낮추면 판매수량이 늘지 않는 한 수익은 감소하고, 직원의 사기에도 영향을 미치며, 기업의 장기적인 전략을 세우는 데도 차질이 생길 수 있기 때문이다. 또한, 한번 낮춘 가격은 제품이나 서비스의 질이 향상되기 전에는 다시 올리기도 어렵다. 따라서 매우 신중하게 판단해야 한다.

3) 광고를 하고 싶은데, 괜찮을까?

[사례 7]   독립영화 제작 및 유통사인 ㈜충정필름은 새로운 영화 개봉을 앞두고 있다. 영화 제작에 30,000,000원 정도의 비용이 소요되어 손익분기점은 7,500명이다. 다른 영화 제작 경험 및 소비자 조사를 바탕으로 티켓 판매를 예측한 결과 손익분기점을 넘는 10,000장가량의 티켓이 판매될 것으로 예상한다. 마케팅 팀장은 주요 타켓층인 젊은 대학생을 대상으로 한 광고를 고려하고 있다. 대학가에 위치한 지하철 두 곳에 한 달간 대형 광고판을 게시하면 5,000,000원이 소요되는데, 위치가 좋아 약 1,000명의 관객은 더 모일 것으로 판단된다. 광고 가격이 생각보다 높은데, 이 금액을 지출하면서라도 관객을 더 모으는 것이 좋을지 고민이다.

해당 영화의 손익구조를 관객 1명당 5,000원의 수익이 발생하고 변동비는

관객 1명당 500원, 고정비는 30,000,000원이라 하자. ㈜충정필름이 광고를 하지 않는 경우와 하는 경우를 비교해 각각 수익이 얼마인지를 분석해보자.

즉, 광고를 안 하면 이익은 15,000,000원이고, 광고를 하면 14,500,000원이다. 따라서 이 경우에는 광고하지 않는 것이 더 이득이다.

항목	광고를 안 하는 경우	광고를 하는 경우
매출액(A)	10,000명×5,000원=50,000,000원	11,000명×5,000원=55,000,000원
변동비(B)	10,000명×500원=5,000,000원	11,000명×500원=5,500,000원
고정비(C)	30,000,000원	35,000,000원
이익(D=A-B-C)	15,000,000원	14,500,000원

그러나 위의 분석은 이번에 개봉할 영화에 한정한 것이다. 만일 광고를 통해 고객 증가 외에 다른 효과가 있다면 결정이 달라질 수 있다. 예를 들어 대학가에서 광고함으로써 젊은 층에 ㈜충정필름의 이름을 알릴 뿐 아니라 기존 고객의 충성도를 높이고, 이후 개봉할 다른 여러 독립영화에 긍정적인 영향을 미칠 수 있다고 판단된다면 그 효과도 추가적으로 고려해야 할 것이다.

4) 신제품 출시, 이렇게 해도 되나?

[사례 8]　　최수범 사장은 대학을 졸업하고 마음이 맞는 친구 2명과 학원가 골목에 닭강정 판매점을 열었다. 근처에 학생들을 대상으로 한 분식집은 많지만 들고 다니면서 먹을 만한 간식거리가 없다는 데 착안한 것이다. 예상대로 개업하자마자 학생들이 몰려들어 큰 수익을 거두고 있다. 사업이 잘되다 보니, 새로운 제품에 도전해볼까 하는 생각이 든다. 단골 학생에게 물어보니 근처 편의

점이나 카페가 멀어서, 스무디나 탄산음료를 같이 판매하면 살 의향이 있다고 한다.

음료를 같이 판매하게 되면, 믹서나 음료대가 필요하고, 인력도 더 있어야 할 것 같다. 알아보니 관련 설비는 3,000,000원 정도로 구입할 수 있고, 아르바이트생은 바쁜 시간에만 고용하면 월 600,000원 정도로 될 것 같다. 음료 가격은 주변 가게와 비슷하게 1잔당 2,500원을 받을 생각이고, 잔당 컵과 주스 원료 등의 재료비가 500원 정도다. 이 외 비용은 없다. 음료, 판매하는 것이 좋을까?

최수범 사장처럼 신제품을 출시하는 것이 좋을지, 출시한다면 가격은 얼마를 받아야 할지, 신제품으로 어떤 것을 선택할지에 관해 의사결정을 할 때는 그 결정에 따라 수익과 원가가 어떻게 변동될지를 계산해 비교해보면 된다.

먼저 수익부터 생각해보자. 신제품 출시로 예상되는 수익은 판매량을 예측한 다음 판매가격을 결정하면 쉽게 계산할 수 있다. 판매량 예측은 어떻게 할까? 비슷한 제품을 판매하는 다른 기업의 판매량, 경쟁 정도, 산업환경, 본사의 이미지 등 여러 가지를 고려하여 예측하거나 전문적으로는 리서치 회사를 이용하여 분석할 수도 있다. 가격도 이러한 요소 및 소비자 조사 등을 통해 손해를 보지 않고 소비자가 납득할 만한 수준에서 결정하면 된다. 그렇다면 원가는 어떻게 구분할까? 앞서 살펴본 바와 같이, 신제품 출시로 증가하게 되는 변동비와 고정비를 나누어보면 된다.

최수범 사장의 경우 닭강정이 하루 75개 정도 팔리는데, 이 중 20%가량이 음료와 함께 팔린다면 하루에 음료가 15잔이 팔릴 것으로 예상할 수 있다. 하지만 그보다 적게 팔리거나 더 많이 팔리면 수익이 어떻게 변동되는지도 궁금하다. 그럼 하루에 음료가 10잔, 15잔, 20잔이 팔리는 경우 예상 수익과 예상 비용이 어떻게 되는지 계산해보면 다음의 표와 같다.

예상 판매량*	하루 10잔, 월 250잔	하루 15잔, 월 375잔	하루 20잔, 월 500잔
예상 수익(A) (판매량×가격)	250잔×2,500원 =625,000원	375잔×2,500원 =937,500원	500잔×2,500원 =1,250,000원
예상 비용			
변동비(B)	250잔×500원 =125,000원	375잔×500원 =187,500원	500잔×500원 =250,000원
고정비(C) 주스기계 감가상각비** 인건비	125,000원 600,000원	125,000원 600,000원	125,000원 600,000원
예상 이익 (D=A-B-C)	(-)225,000원	25,000원	275,000원

* 한 달 동안의 영업일은 25일이다.

** 주스기계 구입비용은 3,000,000원이다. 주스기계를 2년간 사용할 수 있고, 사용 후에는 버려야 한다면 총 3,000,000원을 24개월 동안의 감가상각비로 인식하면 된다. 즉, 매월 125,000원(=3,000,000원÷24개월)씩 감가상각비로 인식한다.

계산 결과를 보면, 만일 하루 판매량이 10잔에 그친다면 손실을 보게 되므로 출시하지 않아야 한다. 만약 하루 15잔 이상 판매한다면, 작지만 수익이 발생하므로 출시를 고려해볼 수 있다. 이때 위의 표의 계산은 새로 출시할 제품에만 한정하여 추가 이익을 계산한 것이므로, 다른 제품 및 회사 이미지에 미치는 영향이 있다면 이를 고려해야 한다. 가령 음료를 메뉴에 추가하면 음료를 사러 온 손님들이 닭강정도 충동적으로 주문해 닭강정 판매가 늘어날 것으로 생각된다면 이러한 사항도 고려해야 한다는 말이다.

5) 잘 안 팔리는 제품, 없애도 될까?

[사례 9]　㈜서대문의료기구는 외과 수술용 핀셋 및 기구를 제작하여 판매하는 업체다. 전문가용 핀셋은 A, B, C 세 종류를 판매하고 있는데, 그중 제품 A, B는 판매가 잘 되지만 제품 C는 상대적으로 판매량이 저조하다. 제품별로 이익을 계산해보니 제품 C는 손실이 발생하고 있다. 김철수 사장은 제품 C의 제조라인을 운영하면서 손해만 보고 있는 것 같아 제품라인을 없앨까 한다. 제품 C의 철수를 결정하기 전에 고려하지 않은 부분은 없는지 확인해보고 싶다.

앞서 제품별로 수익과 원가를 계산하여 이익을 산출하는 방법에 대해 살펴본 바 있다. 그런데, 이렇게 분석하는 경우 특정 제품이 손실을 내고 있을 때는 없애는 것이 더 낫다고 생각하기 쉽다. 이 같은 의사결정을 할 때 고정비는 그 제품을 없애더라도 여전히 발생하는 원가라는 사실을 기억해야 한다.

가령 ㈜서대문의료기구가 판매하는 제품 A, B, C의 이익 구조가 다음과 같다고 하자. 직접원가는 제품별로 집계했고, 간접원가는 매출액에 비례하여 배부했다.

	제품 A	제품 B	제품 C	합계
매출액(A)	200,000,000원	300,000,000원	50,000,000원	550,000,000원
직접원가(B)	110,000,000원	170,000,000원	36,000,000원	316,000,000원
간접원가(C)	60,000,000원	90,000,000원	15,000,000원	165,000,000원
이익(D=A-B-C)	30,000,000원	40,000,000원	(-)1,000,000원	69,000,000원

제품별로 직접원가와 간접원가를 배부하면 제품 C의 경우 1,000,000원의

손실이 발생한다. 이때 제품 C를 없애면 회사 입장에서 더 이익일까? 제품 C
에 배부된 직접원가는 제품 C 제조를 하지 않으면 발생하지 않는 변동비이
고, 간접원가는 모두 제품 C 제조와 관계없이 발생하는 고정비라고 하자. 제
품 C를 없애면, 간접원가는 제품 C 제조와 관계없이 발생하는 원가이므로
그대로 발생하고, 제품 A, B에만 배부하게 된다. 이렇게 되면 다음과 같이
제품 C에서 벌어들이는 수익 감소분만큼 전체 수익이 줄어든다.

	제품 A	제품 B	제품 C	합계
매출액(A)	200,000,000원	300,000,000원	0원	500,000,000원
직접원가(B)	110,000,000원	170,000,000원	0원	280,000,000원
간접원가(C)	66,000,000원	99,000,000원	0원	165,000,000원
이익(D=A-B-C)	24,000,000원	31,000,000원	0원	55,000,000원

따라서 특정 제품을 없앨지 혹은 유지할지를 결정할 때는 반드시 변동비
와 고정비를 고려하여 그 효과를 계산해봐야 한다.

이상 여러 가지 사례를 통해 의사결정 과정에서 원가가 어떻게 활용될 수
있는지를 생각해보았다. 하지만 반드시 잊지 말아야 할 것은, 숫자로 계산되
지 않는 요소가 있다는 것이다. 예를 들어 이익을 높이기 위해 특정 제품의
판매를 중단하는 경우 해당 부서 직원들의 사기가 떨어져서 다른 제품의 판
매에도 영향을 미칠 수 있고, 여러 제품을 출시함으로써 가지고 있던 시너지
효과가 줄어들 수 있으며, 회사 이미지에도 타격을 줄 수가 있다. 따라서 원
가정보 이외에도 이런 질적인 면을 다각도로 고려해서 의사결정해야 한다.

4. 예산을 세워보자

[사례 10]   김영은 사장은 유명 체인 미용실과 개인 숍에서 디자이너 및 부원장으로 10년간 일했던 경험을 바탕으로 동료 2명과 함께 헤어 제품을 제조해 판매하는 ㈜충정헤어를 창업해 운영하고 있다. 제품은 샴푸, 린스, 에센스 라인으로 구성했고, 판매처는 일반 소비자가 아닌 미용실을 대상으로 한다. 김영은 사장이 영업을 담당하고 있고, 다른 동료 2명이 제조와 관리를 담당하고 있다. 김영은 사장은 밤잠도 줄이고 열심히 뛰어다닌 끝에 3년 만에 100개 정도 되는 미용실을 매출처로 확보했다. 그런데 매출이 늘어나면서 여기저기서 문제가 생기고 있어 고민이 많다. 특히 대형 미용실 체인과 거래를 시작하여 다음 달부터 탈모 방지 샴푸와 린스를 판매하기로 했는데, 제조 담당 직원에게 물어보니 재고가 없어 3개월 이후 정도에나 판매가 가능할 것 같다고 한다. 구매 업체로부터 샴푸 원재료 수급이 생각보다 원활하지 않고, 기계 1대당 생산량이 제한되어 있으며, 새로운 기계를 들여오는 데도 기간이 많이 소요된다. 자금 측면에서도 대부분의 미용실이 외상거래를 하다 보니 일시적으로 현금이 부족해 기계를 들여오거나 원재료 대량 구매 시 대출을 받아야 할 것 같다. 김영은 사장은 자금 사정이 여의치 않을 때마다 이자율이 높은 마이너스 통장을 이용해왔다.

이 같은 산적한 문제를 놓고 김영은 사장은 동료 2명과 퇴근 후 술 한잔하면서 의논을 해보았다. 모두 열심히 일하고 있는데, 매출이나 생산량에 있어서 의사소통이 부족했던 것 같다는 데 의견이 일치했다. 동료들 또한 장사는 잘되는 것 같지만 전반적으로 처음 생각했던 것보다 남는 돈이 많지 않다고 푸념을 늘어놓았다. 김영은 사장은 어떻게 이 난제를 해결해나가야 할까?

1) 예산은 왜 필요한가?

사업을 할 때는 물론이고 소규모 행사를 치르더라도 필요한 항목과 예산에 대한 계획을 세워두어야 한다. 계획을 세우다 보면 사업이나 행사의 단계별로 어떤 항목이 얼마나 필요한지 파악할 수 있고, 향후 발생할 수 있는 문제에 대해서도 어느 정도 대비할 수가 있다.

김영은 사장의 사례처럼 정확한 계획 없이 사업을 시작하면 미처 생각지도 못했던 사건들이 계속해서 발생함으로써 당황스러운 경우가 생길 수 있다. 따라서 최소한 6개월 단위로 샴푸, 린스, 에센스를 각각 얼마나 판매할 수 있을지, 재료 및 인력 수급이나 생산 능력에는 문제가 없는지, 자금 흐름은 괜찮은지 등 상세한 계획을 세워두어야 한다.

만약 김영은 사장이 계획을 제대로 세우고 변동사항을 반영하여 주기적으로 이를 수정해왔다면, 매출 증가에 따라 재고 수급이 원활치 못할 경우를 대비하여 재고량을 증가시키고 다른 원재료 구매처와 거래를 터놓을 수 있었을 것이다. 또한, 자금이 필요한 시기를 예상해 이자가 저렴한 담보대출을 미리 설정해둠으로써 쓸데없는 낭비를 막을 수 있었을 것이다.

예산을 세우는 또 다른 장점은, 처음 계획했던 수치와 실제 발생한 실적치를 비교하여 예산 항목별로 효율적으로 운영되고 있는지, 비효율적으로 운영되고 있는 곳은 어디인지 명확하게 파악할 수 있다는 것이다. 어느 정도 규모가 있는 기업에서는 매해 다음 연도 영업에 대한 계획을 세우고, 분기마다 그동안의 변동사항을 반영하여 계획을 수정한다. 그리고 이를 매월 실적치와 비교하여 비효율적인 부분에 대한 개선안을 논의함으로써 영업의 효율성을 높인다.

예산을 설정할 때 주의해야 할 것은, 관련된 모든 사람이 참여해서 작성해야 한다는 것이다. 계획을 세우는 과정에서 직원들은 회사의 목표에 대해 공유하고, 서로 협조가 필요한 단계를 파악하며, 조정이 필요한 부분을 의논할 수 있다. 그리고 담당자가 자신의 업무에 대한 계획을 함께 세웠다면 향후 실제 금액과 크게 차이가 나는 경우, 개선점을 스스로 파악할 수 있다.

아울러 예산이 목표가 되었을 때 발생할 수 있는 부작용 또한 고려해야 한다. 만일 예산을 기준으로 실제 발생한 비용이 더 많은지 적은지에 따라 직원들을 평가한다고 생각해보자. 직원들은 다음부터는 예산을 설정할 때 예상 금액보다 조금 크게 잡으려고 하거나, 품질이 조금 떨어지더라도 비용이 저렴하게 드는 방법을 찾으려 할 것이다. 이렇게 되면 예산을 설정하고 실제 금액과의 차이를 분석하는 의미가 없다. 그러므로 예산은 투명하게 설정하되, 이를 목표로 잡을 때는 직원들과 충분한 논의를 거치도록 하자.

2) 예산을 세워보자

그럼 [사례 10]의 김영은 사장 입장에서 예산을 세워보자. 예산은 크게 보면 제품을 생산하고 판매하는 영업활동과 관련된 예산(영업예산)과 자금을 빌리고 상환하는 재무활동과 관련된 예산(재무예산)으로 나눌 수 있다. 흔히 예산이라고 하면 영업예산만을 떠올리기 쉬우나, 단계별로 자금이 부족한 경우 어떻게 조달할지에 대한 재무예산도 반드시 필요하다.

[제조업]	[소매업(서비스업)]
판매량(매출) 예산	판매량(매출) 예산
생산량 예산(재고예산)	상품원가 예산 (서비스원가 예산)
제품제조원가 예산 (재료원가, 노무원가, 경비 예산)	
판매비와관리비 예산	판매비와관리비 예산
예상 손익	예상 손익
예상 현금흐름	예상 현금흐름

(1) 영업예산을 계획해보자

① 매출예산

매출예산은 예상 판매량 및 판매가격에 대한 계획이다. 거래처별 판매계약 및 과거 실적, 전반적인 시장환경, 제품별 점유율, 경쟁사 정보 등을 고려하여 예상 판매량을 추정한다. 판매가격 변동을 계획하고 있다면 이를 반영하여 매출예산을 수립한다. 이제 ㈜충정헤어의 매출예산을 수립해보자. 단, 계산을 단순화하기 위해 샴푸만을 대상으로 한다.

	1분기	2분기	3분기	4분기	합계

예상 판매량
  미용실 개수(A)
  판매처별 수량(B)
  총 예상 판매량(C=A×B)
	50개
	10개
	500개
		60개
		10개
		600개
			80개
			10개
			800개
				100개
				10개
				1,000개
					2,900개

판매가격(D)	25,000원	25,000원	25,000원	25,000원	
예상 매출액(E=C×D)	12,500,000원	15,000,000원	20,000,000원	25,000,000원	72,500,000원

② 생산량 예산

매출예산이 확정되면 현재 창고에 쌓여 있는 샴푸의 재고 수준을 고려하여 생산량 예산을 수립한다. ㈜충정헤어의 경우 연초에 창고에 쌓여 있는 샴푸 재고가 100개라 하자. 그럼 그만큼은 제외하고 생산하면 된다. 그리고 매 분기 말에는 적정 재고 보유를 위해 다음 분기 판매량의 20%를 창고에 쌓아 놓으려 한다. 그러면 그만큼 더 생산하면 된다.

	1분기	2분기	3분기	4분기	합계
예상 판매량(A)	500개	600개	800개	1,000개	2,900개
분기 초 재고량(B)	100개	120개	160개	200개	
분기 말 적정재고 예상액(C)	600개×20%= 120개	800개×20%= 160개	1,000개×20% =200개	1,000개×20% =200개*	
예상 생산량 (D=A-B+C)	520개	640개	840개	1,000개	3,000개

* 내년 1분기에도 예상 판매량이 1,000개라 가정한다.

③ 재료원가, 노무원가 및 경비예산

매 분기 얼마나 생산할지 예산이 확정되었으므로 이제 제품제조원가에 대한 예산을 수립할 수 있다. ㈜충정헤어는 제조회사이므로 제품제조원가 예산이 필요하다. 만일 소매업이었다면 상품원가 예산을 수립하면 된다.

우선 재료원가는 제품 1개를 생산하는 데 들어가는 재료별로 필요한 수량과 단가를 계산하면 된다. 예를 들어 제품 1개를 생산하는 데 원재료 A가 20g, 원재료 B가 10g 필요하고, 각각 g당 75원과 150원이라 하면, 개당 재료원가는 다음과 같이 계산할 수 있다.

개당 재료원가 = 20g × 75원 + 10g × 150원 = 3,000원

다음은 노무원가와 경비예산을 세워보자. 현재 생산직원이 1명이고 평균 임금이 1,500,000원이라 하자. 그러면 노무원가는 매월 1,500,000원이므로

분기별로는 4,500,000원이 발생한다. 경비는 세부 항목별로 하나하나 예산을 잡아야 하는데, 다 계산하면 총 1,500,000원으로 예상한다고 하자. 이 경우 다음과 같이 제조원가 예산을 계산할 수 있다.

	1분기	2분기	3분기	4분기	합계
예상 생산량	520개	640개	840개	1,000개	
재료원가(A)*	520개×3,000원 =1,560,000원	640개×3,000원 =1,920,000원	840개×3,000원 =2,520,000원	1,000개×3,000원 =3,000,000원	9,000,000원
노무원가(B)	4,500,000원	4,500,000원	4,500,000원	4,500,000원	18,000,000원
경비(C)	1,500,000원	1,500,000원	1,500,000원	1,500,000원	6,000,000원
총 제조원가 예산 (D=A+B+C)	7,560,000원	7,920,000원	8,520,000원	9,000,000원	33,000,000원

* 원재료도 당기에 필요한 수량을 계산할 때 분기 초와 분기 말 재고를 고려해야 한다. 즉, 분기 초에 재고가 있으면 제외하고 분기 말 재고가 필요하면 그만큼 포함해서 재료원가를 계산하면 된다. 이에 대한 자세한 설명은 생략한다.

④ 판매비와관리비 예산

마찬가지로 판매비와관리비도 매출예산을 고려하여 항목별로 예상되는 금액을 계획하면 된다. ㈜충정헤어의 경우 판매를 촉진하기 위해 판촉물을 제작하는 데 매월 100,000원을 사용하고 있고, 판매 및 관리 직원은 파트타임으로 근무하므로 매월 500,000원을 지급하고 있다. 사무실 임대료는 매월 150,000원씩, 기타 전기료 등 비용이 50,000원씩 발생한다면 분기별 판매비와관리비 예산은 다음과 같다.

	1분기	2분기	3분기	4분기	합계
광고비(A)	300,000원	300,000원	300,000원	300,000원	1,200,000원
인건비(B) (판매 및 관리 직원)	1,500,000원	1,500,000원	1,500,000원	1,500,000원	6,000,000원
임대료(C)	450,000원	450,000원	450,000원	450,000원	1,800,000원
전기료 등(D)	150,000원	150,000원	150,000원	150,000원	600,000원
총 판매비와관리비 예산 (E=A+B+C+D)	2,400,000원	2,400,000원	2,400,000원	2,400,000원	9,600,000원

(2) 재무예산을 계획해보자

영업예산을 정리했다면, 이제 현금흐름에 대한 재무예산을 작성해보자. 외상거래를 하는 경우(고객이 신용카드를 사용하여 결제하는 경우도 마찬가지다) 현금흐름 계획을 세심하게 세워야 한다. 그렇지 않으면 김영은 사장의 사례처럼 매출이 오르더라도 원재료나 기계 등을 구입하기 위해, 현금이 필요한 경우 일시적으로 자금이 부족해 어려움을 겪을 수 있다. 따라서 매출 및 재료, 기타 경비의 현금흐름 시점을 파악하여 예산을 세워야 한다.

우선, 매출현금흐름예산부터 세워보자. 매출이 발생하면 언제 현금이 입금되는지 예측하고 있어야 한다. 해당 분기의 매출이 언제 입금되는지 거래처별로 계획을 잡으면 가장 좋고, 거래처가 너무 많아 어렵다면 과거 추세를 보고 예측해야 한다. ㈜충정헤어의 경우 통상적으로 현금거래처와 외상거래처가 각각 60%, 40%이고, 외상거래 시 보통 다음 달에는 현금을 지급해준다고 하면 다음과 같다.

	1분기	2분기	3분기	4분기
예상 매출액	12,500,000원	15,000,000원	20,000,000원	25,000,000원
당분기 매출에 대한 현금 거래분(A)	12,500,000원×60% =7,500,000원	15,000,000원×60% =9,000,000원	20,000,000원×60% =12,000,000원	25,000,000원×60% =15,000,000원
전분기 매출에 대한 외상매출 현금회수분(B)	10,000,000원*×40% =4,000,000원	12,500,000원×40% =5,000,000원	15,000,000원×40% =6,000,000원	20,000,000원×40% =8,000,000원
예상 현금유입액 (C=A+B)	11,500,000원	14,000,000원	18,000,000원	23,000,000원

* 작년 4분기 매출이 10,000,000원이었다고 가정한다.

재료원가에 대한 현금예산도 이러한 방식으로 작성하면 된다. ㈜충정혜어의 경우 이번 달 구매분에 대하여 70%는 현금으로 지급하고 30%는 다음 달에 지급한다고 하면 다음과 같이 재료원가 현금예산을 작성할 수 있다.

	1분기	2분기	3분기	4분기
재료원가 예산	1,560,000원	1,920,000원	2,520,000원	3,000,000원
당분기 구매분 지급액(A)	1,560,000원×70% =1,092,000원	1,920,000원×70% =1,344,000원	2,520,000원×70% =1,764,000원	3,000,000원×70% =2,100,000원
전분기 구매분 지급액(B)	1,500,000원*×30% =450,000원	1,560,000원×30% =468,000원	1,920,000원×30% =576,000원	2,520,000원×30% =756,000원
재료원가현금예산 (C=A+B)	1,542,000원	1,812,000원	2,340,000원	2,856,000원

* 작년 4분기 재료원가 예산이 1,500,000원이었다고 가정한다.

기타 다른 원가항목은 통상적으로 비용이 발생한 시점에서 현금으로 납부하게 된다. 그럼 이제 현금흐름예산을 작성해보자. 다음과 같은 재무예산을 통해 현금이 일시적으로 부족하거나 남게 되는 시기에 대비할 수 있다.

	1분기	2분기	3분기	4분기
예상 현금유입액(A)	11,500,000원	14,000,000원	18,000,000원	25,000,000원
예상 현금유출액(B) 재료원가 노무원가 경비 판매관리비	1,542,000원 4,500,000원 1,500,000원 2,400,000원	1,812,000원 4,500,000원 1,500,000원 2,400,000원	2,340,000원 4,500,000원 1,500,000원 2,400,000원	2,856,000원 4,500,000원 1,500,000원 2,400,000원
예상 현금흐름 (C=A-B)	1,558,000원	3,788,000원	7,260,000원	13,744,000원

(3) 예산과 실제가 다르다면 분석이 필요하다

㈜충정헤어는 여러 직원이 함께 논의하여 위의 표와 같이 예산을 작성했다. 그런데 실제로 영업을 하다 보면 판매량, 원재료 가격, 노무원가 등 대부분의 비용에서 차이를 보일 것이다. 이런 경우 어떻게 해야 할까? 앞서 언급했듯이 효율적인 영업을 위해서는 예상한 금액과 실제 발생한 금액이 왜 차이를 보이는지 항목별로 분석할 필요가 있다. 만일 물가 상승이나 규제 등 어쩔 수 없는 금액 변동으로 차이를 보였다면 다음 예산 작성 시 반영해 예산을 수정하면 된다. 그러나 만약 단가 협상에 소홀했다거나 경비 낭비 등 비효율적인 운영으로 차이를 보였다면 이를 개선할 방안을 찾아야 할 것이다.

예상보다 원가가 더 많이 발생했다면 응당 원인을 찾고 개선하려고 노력할 것이다. 하지만 예상보다 원가가 적게 발생했다면 어떻게 할 것인가? 그냥 둬도 괜찮은 걸까? 원가가 적게 발생한 것이 항상 좋은 것일까? 그렇지는 않다. 만일 기존 직원을 해고하고 경력이 없는 사람을 낮은 수준의 임금으로 고용하면 노무원가는 더 적게 발생하겠지만, 해당 직원이 실수를 반복함으로써 다른 원가에서 낭비가 생길 수도 있다. 따라서 예상과 다르게 발생한 원가는 그 금액이 예상보다 작든 크든 자세히 살펴보아야 한다.

이제까지 경영 의사결정에 필요한 원가에 대해 알아보았다. 마지막 5장 '회계 숫자를 통한 경영분석'에서는 기업의 경영상태를 알려주는 신호등 기능을 하는 재무비율분석을 통해 내가 운영하고 있는 사업체가 얼마나 건강하게 성장하고 있는지를 진단해보도록 하자.

• **박종성 교수**는 연세대학교 경영학과를 졸업하고 동 대학원에서 경영학 석사 및 박사를 취득했다. 공인회계사로서 삼일회계법인에서 근무했다. 현재 숙명여자대학교 경영학부 교수다.

• **정주렴 교수**는 연세대학교 경영학과를 졸업하고 서울대학교에서 경영학 석사, 연세대학교에서 회계학 전공으로 박사학위를 취득했다. 공인회계사로서 삼일회계법인에서 근무했으며, BAT코리아 재무부문에서 약 8년의 Industry 경력을 보유하고 있다. 현재 서울시립대학교 경영대학 교수로 재직하고 있다.

5장

회계 숫자를 통한
경영분석

백인규 안진회계법인 파트너, 공인회계사

회계 숫자를 통한 경영분석

백인규(안진회계법인 파트너, 공인회계사)

○—•—•—○

    지금까지 사업을 처음 시작하는 사람들에게 꼭 필요한 회계의 기초 지식과 사례 그리고 세무 등에 관해 알아보았다. 이를 통해 회계는 돈의 흐름을 정확히 읽고, 적기에 바른 의사결정을 내리며, 회사가 성공의 바다를 안전하게 항해할 수 있도록 도와준다는 사실을 알 수 있었다.

    사업이 본 궤도에 오르고, 매출이 꾸준히 상승하며, 현금의 흐름이 원활하다 해도 사업자는 항상 배우는 자세를 가져야 한다. 회계를 알면 각종 재무제표를 읽고 중요한 지표를 찾아내 재무비율을 분석함으로써 내가 운영하는 사업체의 수익성, 안정성, 성장성, 활동성, 건전성 등을 확인해볼 수 있다. 내 회사가 건강하게 성장하고 있는지, 나도 모르는 사이에 중병에 걸리거나 상처가 곪아가는 곳은 없는지, 앞으로도 계속 안정적으로 수익을 낼 수 있는지를 파악할 수 있는 것이다.

1. 재무비율분석은 무엇인가?

병원에 가서 건강검진을 받아본 사람이라면 자신의 신장, 체중, 시력, 청력 등을 측정하는 간단한 신체 계측부터 초음파 검사나 MRI 촬영과 같이 복잡한 기계를 이용한 정밀검사에 이르기까지 다양한 진단 방법을 통해 본인의 건강을 확인해본 경험이 있을 것이다. 이러한 건강검진의 목적은 개인의 건강을 위협하는 요인과 질병을 조기에 발견해 치료함으로써 남은 삶을 더욱 건강하게 영위할 수 있도록 하는 데 있다. 의학의 발달로 무서운 질병인 암도 일찍 발견하기만 하면 얼마든지 완치가 가능해졌다.

기업에 대한 건강검진은 무엇으로 하는가? 우리가 이미 배운 것처럼 재무제표를 통해 사업체의 건강상태를 진단할 수 있다. 재무제표상의 각종 정보를 이용하여 재무구조는 건전한지, 얼마나 이익을 내고 있는지, 성장은 잘하고 있는지, 자산을 효율적으로 사용하고 있는지 등 기업의 총체적인 재무상태와 경영성과에 대해 진단을 내리고, 경영상의 위험 요인과 문제점을 파악함으로써 이에 대한 대처 방안을 마련할 수 있다. 또한 동일하거나 유사한 업종에 있는 기업들의 자본구조나 설비 등 유형자산에 대한 투자 규모, 해당 시장의 성장률 등을 분석하고 내 사업체와의 비교를 통해 장단점을 파악함으로써 중요한 의사결정에 활용할 수도 있다. 또한, 전년도와 비교해 검토를

함으로써 내 사업체가 더 건강해졌는지를 파악하고 경영성과가 더 나아졌는지에 대한 점검도 할 수 있다.[*]

기업의 경영상태를 진단할 수 있는 재무비율분석 지표에는 어떤 것들이 있을까? 재무비율분석 방법은 그 목적에 따라 매우 광범위하고 다양하지만, 일반적으로 가장 많이 활용되는 재무비율분석은 다음 네 가지 영역으로 나눠볼 수 있다.

(1) 재무구조가 건전한지 알려주는 안정성비율 분석
(2) 얼마나 이익을 내고 있는지 알려주는 수익성비율 분석
(3) 잘 성장하고 있는지 알려주는 성장성비율 분석
(4) 자산을 얼마나 효율적으로 활용하고 있는지 알려주는 활동성비율 분석

이번 장에서는 위에 열거한 네 가지 영역에서 사업자에게 꼭 필요하다고 생각되는 재무비율분석 방법과 의미를 살펴보고 사례를 분석해보기로 한다.

---

* 재무비율분석은 비교 대상이 있을 때 보다 의미를 가질 수 있다. 예를 들면 전년도 대비, 산업 평균 대비 또는 예산 대비를 의미한다. 여기서는 한국은행이 발표한 한국 중소제조업 평균과의 비교를 통해 비율분석의 의미를 살펴보았다.

2. 재무비율분석을 통해 알 수 있는 것

다음에 제시된 표는 간장, 된장, 고추장을 제조해서 판매하는 ㈜충정식품의 손익계산서와 재무상태표다. ㈜충정식품의 재무제표를 이용해서 각종 비율분석 지표를 산출한 다음, 한국은행이 2017년에 발간한 '기업경영분석보고서(이하 '기업경영분석 2017')'•와 비교해보면 재무비율분석의 방법과 의미를 알 수 있을 것이다.

[손익계산서]
제11기: 2017년 1월 1일부터 2017년 12월 31일까지(당기)
제10기: 2016년 1월 1일부터 2016년 12월 31일까지(전기)

㈜충정식품

	제11기	제10기
매출액	240,000	210,000
매출원가	(-)140,000	(-)120,000
매출총이익	100,000	90,000
판매비와관리비	(-)50,000	(-)50,000
영업이익	50,000	40,000
영업외수익	0	1,000
영업외비용(이자비용)	(-)5,000	(-)5,000

• 한국은행이 1960년부터 매년 국내 영리법인 기업의 경영성과와 재무상태를 조사·분석한 보고서. 2017년 보고서는 업종 및 규모별로 총 655,524개의 국내 기업에 대한 분석이 수행되어 있으며, 한국은행 홈페이지(www.bok.or.kr)나 경제통계시스템(ECOS, http://ecos.bok.or.kr)에서 무료로 다운받을 수 있다.

	제11기	제10기
법인세차감전순이익	45,000	36,000
법인세비용	(−)10,000	(−)9,000
당기순이익	35,000	27,000

[재무상태표]
제11기: 2017년 12월 31일 현재(당기)
제10기: 2016년 12월 31일 현재(전기)

㈜충정식품

	제11기	제10기
자산		
유동자산	160,000	140,000
현금 및 현금성자산	93,000	80,000
매출채권	32,000	30,000
선급금	5,000	5,000
재고자산	30,000	25,000
비유동자산	160,000	150,000
투자자산	25,000	25,000
유형자산	100,000	85,000
무형자산	15,000	15,000
기타 비유동자산	20,000	25,000
자산 총계	320,000	290,000

	제11기	제10기
부채		
유동부채	70,000	60,000
단기차입금	15,000	16,000
매입채무	9,000	10,000
미지급금	10,000	10,000
기타 유동부채	36,000	24,000
비유동부채	110,000	120,000
장기차입금	90,000	100,000
기타 비유동부채	20,000	20,000
부채 총계	180,000	180,000
자본		
자본금	80,000	80,000
주식발행초과금	5,000	5,000
이익잉여금	55,000	25,000
자본 총계	140,000	110,000
자본과 부채 총계	320,000	290,000

1) 안정성비율: 재무구조가 건전한지 알려준다

안정성이란 환경이 바뀌어도 달라지지 않고 일정한 상태를 유지하는 성
질을 가리킨다. 기업에 있어 안정성이란 위험에도 버텨낼 능력을 의미한다.

안정성비율은 기업이 빌린 장단기차입금이나 회사채 발행을 통해 조달한 자금, 외상거래처 등에 지급해야 할 매입채무 등 기업이 부담하고 있는 부채를 상환하는 데 문제가 없는지, 또는 유동성 부족으로 최악의 경우 흑자도산이나 파산 등의 위험이 없는지를 분석하고 파악하는 데 유용하다. 대표적인 안정성비율 분석 지표로는 유동비율, 부채비율, 이자보상비율 등이 있다.

(1) 유동비율

유동비율은 기업의 유동성을 평가하는 지표 중 하나로 유동자산을 유동부채로 나눈 비율이다. 유동비율이 높을수록 안정적인 회사라고 할 수 있다. 예를 들어 유동부채가 100,000원일 때 유동자산이 200,000원이라면 유동비율은 200%가 된다. 유동비율이 200%라는 것은 1년 내에 상환해야 하는 유동부채액보다 1년 내에 현금으로 전환될 것으로 보이는 유동자산액이 2배라는 의미이므로 단기부채상환 능력이 양호하다고 진단할 수 있다.

하지만 과도하게 높은 유동비율은 자산운용의 효율성을 낮춰 수익성을 떨어뜨릴 수 있으므로 수익성도 적절히 확보할 수 있는 수준의 유동성을 유지할 필요가 있다. 한편 이와 반대로 유동비율이 100% 미만이라고 한다면 단기간 내에 갚아야 할 유동부채를 유동자산으로 갖지 못할 위험이 있다는 신호이므로, 매출채권이나 재고자산에 대한 현금회수 시기를 앞당기고 긴축을 통한 비용절감, 유상증자 등의 자본확충, 단기성 차입금의 장기차입금 대체 등을 통해 부도 위험에 대비해야 한다. 유동비율에 대한 황금비율은 딱히 정해진 바 없지만, 일반적으로 150~200% 사이면 양호하다고 평가할 수 있다.

$$유동비율 = \frac{유동자산}{유동부채} \times 100$$

(2) 부채비율

부채비율은 총부채(=유동부채+비유동부채)와 자기자본총계(=총자산-총부채) 간의 관계를 나타내는 지표로 갚아야 할 총부채가 자기자본총계의 몇 배인지를 나타내는 비율이다. 만약 부채비율이 200%라면 총부채액(타인자본)이 자기자본총액의 2배라는 의미다. 일반적으로 이 비율이 낮을수록 타인자본에 대한 의존도가 낮아 재무구조가 안정적이라고 볼 수 있다. 그러나 미래의 경기 전망이 밝아서 빌린 돈에 대한 이자보다 그 돈으로 벌어들일 수 있는 수익이 더 높다면 돈을 빌리는 것이 꼭 나쁜 것만은 아닐 수도 있다.

똑같이 부채비율이 100%인 기업이 있을 경우 유동부채비율이 많은 기업의 안정성이 더 낮다. 단기간에 갚아야 할 부채가 많기 때문이다. 만약 유동부채와 비유동부채의 비율이 비슷한 기업일 경우에는 차입금이 더 많은 기업의 안정성이 더 낮을 것이다. 차입금에 대한 이자 부담이 크기 때문이다.

$$부채비율 = \frac{총부채}{자기자본총계} \times 100$$

(3) 이자보상비율

이자보상비율은 기업의 영업이익이 지급해야 할 이자비용의 몇 배에 해당하는지를 나타내는 비율로, 기업이 본연의 활동을 통해 이자비용을 충분히 충당할 만큼 영업이익을 벌어들이고 있는지를 보여준다. 만약 이자보상비율이 100% 미만이라고 한다면, 영업이익으로 원금은커녕 차입금 이자도 갚지 못할 만큼 금융부채의 규모가 크거나 이자율이 높다는 의미다. 다시 말해서 잠재적 부실기업으로 볼 수 있는 것이다. 반면 이자보상비율이 100% 이상이면 영업이익으로 이자비용을 모두 충당할 수 있음을 의미한다. 한편 분자로 사용되는 손익계산서상의 영업이익은 회계상의 영업이익으로 실질적인 영업현금흐름을 반영하지 못한다는 한계점이 있어서 현금흐름표상의 영업활동 현금흐름을 사용하기도 하며, 분모로 사용되는 이자비용도 이자수익을 차감한 순이자비용을 사용하는 방법도 있다. 일반적으로 워크아웃•대상 기업에 대한 금융기관의 채무 재조정 시 이자보상비율이 150%에서 200% 수준이 되도록 채무를 조정해주기도 한다.

$$이자보상비율 = \frac{영업이익}{이자비용} \times 100$$

[안정성비율 사례 분석]

안정성비율	계산 공식	계산 예	㈜충정식품 (2017년도)	한국 중소제조업 평균(2017년도)
유동비율	$\frac{유동자산}{유동부채} \times 100$	$\frac{160,000원}{70,000원} \times 100$	229%	135%

• 국내에서는 기업개선작업이라고도 불리며, 회생 가능성은 있으나 유동성 부족으로 부도 위기에 몰린 기업을 대상으로 채권금융기관협의회에서 대출금의 출자전환, 상환유예, 이자감면, 부채탕감 등의 금융지원을 제공하고, 워크아웃 대상 기업이 계열사 정리나 자산매각, 주력사업정비 등의 구조조정을 통해 건실한 기업으로 회생할 수 있도록 도와주는 절차다.

안정성비율	계산 공식	계산 예	㈜충정식품 (2017년도)	한국 중소제조업 평균(2017년도)
부채비율	$\dfrac{총부채}{자기자본총계} \times 100$	$\dfrac{180,000원}{140,000원} \times 100$	129%	133%
이자보상비율	$\dfrac{영업이익}{이자비용} \times 100$	$\dfrac{50,000원}{5,000원} \times 100$	1,000%	362%

㈜충정식품의 유동비율 229%는 국내 중소제조업 전체 평균인 135%와 비교해보면 그 비율이 매우 높아 단기지급능력이 아주 우수하다고 평가할 수 있다. 그리고 ㈜충정식품의 2017년도 유동비율 229%는 2016년의 233%와 큰 변동이 없이 운영되고 있다. 하지만 과다한 유동비율은 자산운용의 효율성을 낮추어 기업의 수익성을 떨어뜨리는 요소가 될 수 있기 때문에 적절한 비율을 유지할 필요가 있다.*

또한, ㈜충정식품의 부채비율 129%는 국내 중소제조업 평균치인 133%보다 약간 낮은 편이고, 미국 평균인 142%, 독일 평균인 197%와 비교하면 매우 낮아서 안정적인 경영활동을 수행할 재무구조를 갖춘 상태라고 할 수 있다. 전기의 부채비율 164%와 비교해보면 ㈜충정식품의 안전성은 더욱 높아졌다고 할 수 있다.

아울러 이자보상비율 1,000%는 국내 중소제조업 평균 362%보다 상당히 높은 수준인데, 이는 ㈜충정식품의 수익성이 일반 제조업보다는 높으며 이

---

* 소속된 산업에 따라 적정 비율이 다를 수 있으므로 비율분석 시에는 제조업 평균뿐만 아니라 해당 산업의 평균도 함께 살펴봐야 한다.

자를 충분히 상환할 여력을 가지고 있음을 보여준다.

2) 수익성비율: 얼마나 이익을 내고 있는지 알려준다

수익성은 기업이 영업활동을 통해 얼마나 많은 이익을 남기고 있는지를 나타내는 수치다. 기업의 가치를 평가하는 데 있어 가장 중요한 항목이라고 할 수 있다. 수익성비율은 기업의 수익성을 나타내는 지표로 자기자본과 타인자본을 통해 투자한 총자산을 얼마나 효율적으로 사용했는지 그리고 매출액 대비 수익성은 어떠한지를 분석하기 위한 비율이다. 대표적인 수익성비율 분석 지표로는 매출액영업이익률, 매출액순이익률, 총자산이익률, 자기자본이익률 등이 있다.

(1) 매출액영업이익률
기업의 주된 영업활동에 의해 발생한 매출액에서 매출원가와 판매비와 관리비를 차감한 금액이 영업이익이며, 매출액과 영업이익의 비율을 나타내는 지표가 바로 매출액영업이익률이다. 영업이익은 이자수익이나 이자비용, 외환차손익, 유형자산 등의 처분손익 등 기업의 주된 영업활동과 직접 관계가 없는 항목과 비경상적인 일회성 수익이나 비용은 제외되어 있으므로, 사업의 수익성을 한눈에 평가할 수 있는 지표라고 할 수 있다. 매출액영업이익률이 높을수록 그 기업의 주된 영업활동이 충분한 수익을 창출하고 있다고 할 수 있다. 재무제표를 통해 드러난 각 기업의 매출액영업이익률은 시장에 반영되어 주식의 가치를 올리기도 하고 떨어뜨리기도 한다.

$$\text{매출액영업이익률} = \frac{\text{영업이익}}{\text{매출액}} \times 100$$

(2) 매출액순이익률

당기순이익은 영업이익에서 이자비용과 법인세, 기타 주된 영업활동이 아니거나 일회성 활동으로 인해 발생한 모든 수익과 비용을 감안한 이익으로, 일정 기간 기업이 벌어들인 순이익을 의미한다. 순수하게 가져갈 수 있는 이익이 매출액에 대비해 어느 정도인지를 나타낸다. 매출액순이익률 역시 높을수록 좋다. 동종 업계에서 한 회사의 매출액순이익률이 다른 기업들보다 높다면 그 기업의 효율성이 뛰어나다고 할 수 있다.

$$\text{매출액순이익률} = \frac{\text{당기순이익}}{\text{매출액}} \times 100$$

(3) 총자산이익률

총자산이익률은 줄여서 ROA Return On Asset라고 부르며, 당기순이익을 총자산액으로 나눈 것이다. 총자산이익률을 계산할 때 총자산액은 일반적으로 기초와 기말의 재무상태표상 총자산의 평균으로 계산한다. 기업이 소유하고 있는 총자산의 효율적인 운영 여부를 나타내는 지표로서 경영자가 수익활동을 위해 보유하고 있는 총투자액이 얼마나 효율적으로 이용되어 수익을 발생시켰는지를 보여준다. 하지만 이 비율은 분자에 해당하는 당기순이익이

채권자에게 지불하는 이자비용을 제외한 후 주주에게 귀속되는 이익인 반면, 총자산은 주주와 채권자가 제공한 자기자본과 타인자본의 총계이기 때문에 논리적으로 적절한 수익성비율이 아니라고도 볼 수 있으며, 이론적으로는 영업이익을 분자로 하여 자기자본과 타인자본에 대한 이익을 일치시키는 산정 방식도 있다. 이는 자기자본과 타인자본으로 이루어진 분모에 대칭되는 개념으로 자기자본과 타인자본에 대한 이익을 일치시키는 개념이다. 따라서 다른 기업과 총자산이익률을 비교할 때는 분모가 당기순이익인지 아니면 영업이익인지를 확인해서 비교할 필요가 있다.

$$총자산이익률 = \frac{당기순이익(또는 영업이익)}{평균 총자산} \times 100$$

(4) 자기자본이익률

자기자본이익률은 줄여서 ROE Return On Equity라고도 부르며, 당기순이익을 자기자본액으로 나눈 것이다. 총자산이익률이 자기자본과 타인자본을 합한 총자산의 운용효율성을 나타내는 지표인 반면에 자기자본이익률은 기업의 실질적 소유주인 주주들이 투자한 자본이 벌어들이는 수익성을 나타내는 지표다. 총자산이익률 계산과 동일하게 자기자본총계는 일반적으로 기초와 기말의 재무상태표상 자기자본의 평균으로 계산한다. 일반적으로 자기자본이익률이 시장금리보다 높다면 이자수익 이상을 벌어들이는 양호한 기업으로 판단한다.

미국의 갑부로 전설적인 투자의 귀재인 워런 버핏Warren Buffett은 장기간 자기자본이익률이 20% 이상 안정적인 성장세를 보인 기업에 투자하는 것으로 유명하다. 실제로 버핏의 성공 사례로 불리는 코카콜라의 매입 당시 연평균 자기자본이익률은 무려 33%였다.

$$\text{자기자본이익률} = \frac{\text{당기순이익}}{\text{평균 자기자본총계}} \times 100$$

[수익성비율 사례 분석]

수익성비율	계산 공식	계산 예	㈜충정식품 (2017년도)	한국 중소제조업 평균(2017년도)
매출액영업이익률	$\dfrac{\text{영업이익}}{\text{매출액}} \times 100$	$\dfrac{50,000\text{원}}{240,000\text{원}} \times 100$	20.83%	4.44%
매출액순이익률	$\dfrac{\text{당기순이익}}{\text{매출액}} \times 100$	$\dfrac{35,000\text{원}}{240,000\text{원}} \times 100$	14.58%	2.76%
총자산이익률	$\dfrac{\text{당기순이익}}{\text{평균 총자산}} \times 100$	$\dfrac{35,000\text{원}}{305,000\text{원}} \times 100$	11.48%	2.85%
자기자본이익률	$\dfrac{\text{당기순이익}}{\text{평균 자기자본총계}} \times 100$	$\dfrac{35,000\text{원}}{125,000\text{원}} \times 100$	28.00%	6.73%

㈜충정식품은 한국의 중소제조업 평균을 훨씬 상회하는 수익성을 실현한 것으로 분석되었다. 매출액영업이익률과 매출액순이익률 모두 전기보다 높아져 ㈜충정식품의 이익률 역시 개선된 것으로 나타난다. 수익성이 높을수록 경영성과가 우수하다고 할 수 있으나 과도한 매출액영업이익률이나 매출액순이익률은 소비자 혹은 납품업체의 판매가격 인하 압력을 불러일으키거

나 신규 경쟁업체의 시장 진입을 유도할 수 있으므로 연구개발에 대한 투자를 통해 지속적으로 시장 우위를 유지할 수 있는 경영전략을 모색해야 할 것이다.

3) 성장성비율: 잘 성장하고 있는지 알려준다

성장성비율은 일정 기간에 기업이 얼마나 성장했는지를 시계열적時系列的(시간 순서에 따른 배열)으로 보여주는 지표로 대표적인 성장성비율 분석 지표로는 매출액증가율, 총자산증가율 등이 있다.

(1) 매출액증가율

매출액증가율은 전기매출액 대비 당기매출액이 얼마나 증가했는지를 보여주는 지표로 총자산증가율과 함께 기업의 성장성을 판단할 수 있는 대표적인 지표다. 매출액증가율은 매출액영업이익률, 매출액순이익률 등의 수익성지표와 함께 고려되어야 하겠으나, 수익성지표가 높지 않다 하더라도 경쟁이 치열한 시장에서 시장을 선점하기 위한 시장점유율이 의미 있게 증가되었다면 경쟁력이 있다는 것으로 이해되므로 기업에게는 매우 중요한 지표라고 할 수 있다.

$$\text{매출액증가율} = \frac{(\text{당기매출액} - \text{전기매출액})}{\text{전기매출액}} \times 100$$

(2) 총자산증가율

총자산증가율은 기업의 총투하자본(=타인자본+자기자본)이 얼마나 증가했는지를 나타내는 지표다. 총자산이 증가했다면 증가의 원인이 수익성 개선을 통한 현금성 혹은 유동성 자산의 증가인지, 유형자산 취득 등 투자를 위한 타인자본 혹은 증자를 통한 자기자본 증가인지, 기업의 부채비율 등 안정성에 얼마나 영향을 미쳤는지, 매출액 증가율과의 상관관계 등에 대해 종합적으로 살펴볼 필요가 있다.

$$총자산증가율 = \frac{(당기말\ 총자산 - 전기말\ 총자산)}{전기말\ 총자산} \times 100$$

[성장성비율 사례 분석]

성장성 비율	계산 공식	계산 예	㈜충정식품 (2017년도)	한국 중소 제조업 평균 (2017년도)
매출액 증가율	$\frac{(당기매출액 - 전기매출액)}{전기매출액} \times 100$	$\frac{30,000원}{210,000원} \times 100$	14.29%	7.66%
총자산 증가율	$\frac{(당기말\ 총자산 - 전기말\ 총자산)}{전기말\ 총자산} \times 100$	$\frac{30,000원}{290,000원} \times 100$	10.34%	6.85%

기업은 안정성이나 수익성도 중요하지만 지속적으로 성장을 해야 하며, 초기 단계에서는 가파른 성장을 경험하지만, 성숙 단계로 들어서면 성장률이 둔화하는 성장통을 겪기도 한다. ㈜충정식품의 경우에는 매출액증가율과 총자산증가율이 한국 제조업 평균을 상회하는 실적을 거두었다. 이는 한국

제조업 평균보다 높은 성장세로 판매가 증가하고 회사의 규모도 커지고 있음을 의미한다.

4) 활동성비율: 자산을 얼마나 효율적으로 활용하고 있는지 알려준다

활동성비율은 기업이 소유하고 있는 자산들을 어느 정도나 활발하게 그리고 효율적으로 이용하고 있는지를 측정하는 비율이다. 활동성비율이 높다는 것은 투하된 자본을 이용해 매출액으로 대표되는 영업활동을 상대적으로 더 많이 했다는 증거가 된다. 대표적인 활동성비율 분석 지표로는 총자산회전율, 매출채권회전율, 재고자산회전율 등이 있다.

(1) 총자산회전율

총자산회전율은 기업의 총투하자본이 매출액을 통해 몇 번이나 회전했는지를 보여줌으로써 총투하자본의 효율적인 이용도를 종합적으로 보여준다고 할 수 있다. 회전율이 1보다 크면 매출액이 총자산보다 많은 경우로 상대적으로 작은 투자를 통해 매출을 발생시키고 있다는 의미고, 1보다 작다면 매출액이 총자산보다 적은 경우로 과다투자나 비효율적인 투자를 하고 있다는 의미가 될 수 있다. 단, 산업의 특성과 기업의 정책(원가우위 전략 및 차별화 전략)에 따라 적정 수준의 총자산회전율이 다를 수 있으므로 해석에 유의해야 한다.

$$\text{총자산회전율} = \frac{\text{매출액}}{\text{평균 총자산}}$$

(2) 매출채권회전율

매출채권회전율은 매출액을 평균 매출채권으로 나눠서 회전율을 보여주는 지표로 회전율이 높을수록 매출채권 회수 기간이 짧아져 현금 유동성이 높다. 매출채권이 매출 발생 시점에서 평균적으로 며칠 만에 회수되는지를 계산하려면 매출채권 회수 기간을 계산하면 된다. 예를 들면, 연간 매출액이 1,000,000원이고 평균 매출채권이 200,000원이라고 하면, 매출채권회전율은 5.0(=1,000,000원÷200,000원)이고, 매출채권 회수 기간은 73일(=365일÷5.0)로 계산된다. 즉, 매출이 일어나는 시점에서 평균적으로 73일 만에 매출채권이 현금화된다는 것으로 이해할 수 있다. 매출채권회전율은 기업의 현금 유동성 관리를 위해 중요한 지표다. 매출채권회전율이 낮다는 것은 그만큼 자금이 채권에 묶여 있다는 것으로 유동성에 어려움을 겪을 수 있다.

$$\text{매출채권회전율} = \frac{\text{매출액}}{\text{평균 매출채권}}$$

(3) 재고자산회전율

재고자산회전율은 매출액(또는 매출원가)을 평균 재고자산으로 나눠서 재고자산이 얼마나 효율적으로 관리되는지를 나타내는 지표다. 분자는 매출액 또는 매출원가를 사용하는데, 분모에 해당하는 재고자산이 판매가격이 아닌 판매원가에 해당하므로, 이론상 매출원가를 분자금액으로 하여 계산하는 것이 더 타당하다고 할 수 있다.

그러나 분자를 매출액을 기준으로 산정하는 방법도 실무적으로 많이 사용되기 때문에 타 기업 또는 동일 업종과의 비교 시에는 동일한 방식으로 계산된 것인지를 잘 확인하고 사용해야 한다. 한편 재고자산회전율을 이용해 재고 입고 시점부터 판매 시점까지의 기간을 계산할 수 있는데, 예를 들어 재고자산회전율이 6.0이라면 재고자산의 평균 보유 기간은 60.8일(=365일÷6.0)로 계산된다. 재고자산의 회전율이 높다는 것은 기업의 창고에 머무르는 재고 수준이 매출액 대비 낮다는 것이며, 통상적으로는 재고 보관에 따른 재고 손실과 보관료, 보험료 등의 재고 관련 비용을 줄일 수 있다는 측면에서 장려할 만한 일이지만, 과다하게 높으면 재고 부족으로 인한 잠재적인 판매 기회를 놓칠 수 있으므로 주의해야 한다.

$$재고자산회전율 = \frac{매출액(또는 매출원가)}{평균 재고자산}$$

[활동성비율 사례 분석]

활동성비율	계산 공식	계산 예	㈜충정식품 (2017년도)	한국 중소제조업 평균(2017년도)
총자산회전율	$\frac{매출액}{평균 총자산}$	$\frac{240,000원}{305,000원}$	0.79	1.04
매출채권회전율	$\frac{매출액}{평균 매출채권}$	$\frac{240,000원}{31,000원}$	7.74	5.78

활동성비율	계산 공식	계산 예	㈜충정식품 (2017년도)	한국 중소제조업 평균(2017년도)
재고자산회전율	매출액 / 평균 재고자산	240,000원 / 27,500원	8.73	8.99

㈜충정식품의 총자산회전율 0.79는 한국 중소제조업 평균인 1.04보다 낮다. 일반적으로 총자산회전율이 1.0보다 적으면 매출액이 총자산액보다 적어서 과다투자나 비효율적인 투자를 하고 있다는 의미가 될 수도 있다. 중소제조업의 평균과 비교하여 총자산회전율이 낮은 것이 식품산업의 특성 때문인지 확인해볼 필요가 있다. 매출채권회전율은 상대적으로 높지만 재고자산회전율은 상대적으로 낮은 편이라 그 효과를 일정 부분 상쇄하고 있다.

3. 한계점도 알아두자

이상에서 살펴본 다양한 재무비율분석은 재무제표를 이용하여 간단하면서도 이해하기 쉽게 내 사업체와 다른 기업을 비교하여 상태를 진단해볼 수 있으며, 공시된 재무제표를 사용함으로써 큰 비용 없이도 효과적으로 기업을 평가하는 방법이라고 할 수 있다. 그렇지만 비율분석이 기업에 대한 모든 통찰을 가능하게 하는 만병통치약은 결코 아니다. 다음과 같은 한계점 또한 분명히 인식하고 이를 사용해야 한다.

첫째, 재무제표는 분석하는 시점보다 항상 과거의 자료를 기준으로 하기 때문에 시차가 발생한다. 기업의 가치를 평가하는 데 더욱 필요한 미래에 대한 예측 자료가 아니다.

둘째, 재무제표를 작성하는 기준이 국가마다 다르고, 한국에서도 한국채택국제회계기준과 일반기업회계기준이 상이하여 타 기업과의 비교 가능성을 일부 해칠 수 있으므로, 이를 비교할 때 반드시 유의해야 한다.

셋째, 동일한 재무제표 작성 기준이라 할지라도 감가상각 방법 및 내용연수와 잔존가치, 재고자산의 평가방법 등 기업마다 적용하고 있는 기준이 다르거나, 경영자의 판단에 의한 회계 추정, 분식 또는 회계 처리 오류로 인해 재무제표 간 비교 가능성이 떨어질 수도 있다.

넷째, 재무제표는 계량적 정보일 뿐이며, 기업이 보유하고 있는 우수한 인적자원에 대한 정보나 기술력에 대한 정보 등 비계량적인 정보는 제공하지 못한다.

다섯째, 산출된 재무비율은 동종 업종 혹은 유사 기업과의 벤치마킹을 통해 상대적인 비교를 해야 하지만, 업종이나 규모가 유사한 기업을 찾기가 쉽지 않고, 기업마다 추구하는 경영 방침이 달라 최적표준비율 설정과 직관적 평가가 어려운 점이 있다.

· **백인규 파트너**는 연세대학교 경영학과를 졸업하고 1996년부터 Deloitte 안진회계법인에서 외부감사 및 국내외 기업 M&A자문 업무를 수행해왔으며, 현재는 Deloitte 안진회계법인 재무자문본부에서 Business Risk Leader 를 맡고 있다.

에필로그

회계를 알아야 민생경제도 바로 선다

저성장·양극화로 인해 소규모 자영업자 분들의 시름이 깊습니다. 골목 상권 곳곳으로 대기업 자본이 유입되어 설 자리가 더욱 좁습니다. 저는 국회에서 서민과 사회적 약자를 위한 의정활동에 힘써왔습니다. 제18대 국회에 처음 등원해 '여신전문금융업법 개정안'을 발의했고, 4%에 육박하던 중소 자영업자에 대한 카드수수료를 2%로 인하하여 서민경제 발전에 기여한 바 있습니다. 저는 소외되거나 지나치기 쉬운 민생을 살피고 대변하는 것이 정치의 본질이라고 생각합니다.

한국공인회계사회에서 자영업자를 위해 발간한 『사업을 하십니까? - 회계부터 챙기세요』는 민생경제를 생각하는 저의 정치적 신념과도 맥락을 같이합니다. 이 책은 자영업자들이 성공하여 우리 경제가 안정되고 성장할 수 있도록, 기업 경영의 필수 지식인 회계를 알기 쉽게 설명하고 있습니다. 회계·

세무 전문가인 공인회계사들의 집단지식을 통하여 사회공헌 활동에 적극적으로 나서고 계시는 최중경 회장님께 감사 말씀 드립니다.

　제가 국회 정무위원회 위원장직을 맡고 있을 때 한국공인회계사회 최중경 회장님과 회계제도 개혁에서 특히 같은 신념을 가지고 있었습니다. 당시에 대형 회계부정 사건이 연이어 발생하며 우리나라 회계 신인도는 세계 최하위 수준에 머물렀습니다. 낮은 회계투명성으로 인해 우리나라 기업의 가치를 낮게 평가하는 코리아 디스카운트 현상이 생기기도 했습니다. 경제의 파수꾼인 공인회계사가 본연의 역할에 충실할 수 있는 환경이 조성되어야 회계투명성이 제고될 수 있다고 생각하고, 외부감사인의 독립성과 감사품질을 높이고자 관련 제도개선에 진력한 결과 2017년 9월 28일 「주식회사 등의 외부감사에 관한 법률」 전부개정안이 국회를 통과하여 공포되고, 2018년 11월 1일부터 본격적으로 시행되고 있습니다. 신외감법으로도 불리는 이 법은 표준 감사시간 도입, 주기적 감사인 지정제 도입, 감사계약 체결시기 단축조정, 내부회계관리제도를 감사로 강화, 감사인 선임 권한의 감사위원회 이전 등 감사환경과 감사품질 개선 전반에 대한 내용을 담고 있습니다. 신외감법이 충분한 논의를 통해 잘 만들어질 수 있도록 같이 노력하던 그때의 기억이 새롭습니다.

　경제를 바로 세우기 위해서는 회계가 바로 서야 한다는 신념으로 회계제도 개선에 혼신의 힘을 기울이는 최중경 회장님께 경의를 표합니다. 아울러 신외감법의 취지가 훼손되지 않도록 공인회계사 외부감사 행동강령을 제정하는 등 다방면으로 힘써주고 계신 점 깊이 감사드립니다.

'회계가 바로 서야 경제가 바로 선다'는 한국공인회계사회의 캐치프레이즈는 자영업자 여러분들께도 똑같이 적용됩니다. 회계를 알아야 회사가 잘되고 민생경제가 바로 섭니다. 어렵다는 생각에 엄두가 안 나서 시작하지 못했다면 이제 회계부터 챙기시기를 바랍니다.

2019년 11월
자유한국당 의원 이진복

부록

◆ 자영업자·창업자에 대한 정부지원제도

◆ 회계가 바로 서야 경제가 바로 선다
  - 한국경제와 함께하는 한국공인회계사회 -

자영업자 · 창업자에 대한 정부지원제도*

1) 중앙부처·공공기관 지원 자금

□ **중소벤처기업부·소상공인진흥공단 [정책자금]**

지원정책	지원내용	지원절차 등	문의처
일반경영 안정자금	소상공인의 점포운영 자금 지원 • 지원대상: 소상공인 • 대출한도: 7천만 원 • 대출기간: 5년 이내 　(거치기간 2년 포함) • 대출금리: 변동금리 　(매분기 초 공고)	• 공지: 소상공인시장진 흥공단 홈페이지 www.semas.or. kr • 신청접수: 전국 소상공인 지원센터 (60개) 방문접수	• 중소기업통합 콜센터 1357
청년고용 특별자금	청년 소상공인의 경영안정자금 지원 • 지원대상 　◦청년 (만 39세 이하) 소상공인 　◦청년근로자 고용 사업주 • 대출한도: 1억 원 • 대출기간: 5년 이내 　(거치기간 2년 포함) • 대출금리: 변동금리 　(매분기 초 공고)		

---

* 소규모 (상시 근로자 5~10인 미만)의 자영업자·창업자를 대상으로 한 자금 및 인건비 지원 중심으로 정부지원 제도를 기술한 것입니다. 이하 기술되는 사항은 모든 지원사업 내용을 망라하지는 않고 있음에 유의해주기 바랍니다. 또한 세제 혜택 관련 사항은 세법개정 등으로 변경될 수 있으며, 3장에 보다 자세히 기술되어 있습니다.

지원정책	지원내용	지원절차 등	문의처
소상공인 긴급자금	최저임금 인상에 따른 사업주 부담 최소화 자금지원 • 지원대상: 일자리안정자금 수급 소상공인 • 대출한도: 7천만 원 • 대출기간: 5년 이내 (거치기간 2년 포함) • 대출금리: 고정금리(2.5%)	• 공지: 소상공인시장진흥공단 홈페이지 www.semas.or.kr • 신청접수: 전국 소상공인 지원센터(60개) 방문접수	• 중소기업통합 콜센터 1357

사회적경제 기업 전용 자금	협동조합이 필요로 하는 시설 및 경영안정 자금지원
	
	• 지원대상: 협동조합기본법, 중소기업협동조합법에 의해 설립된 협동조합
	• 대출한도: 10억 원
	• 대출기간: 5년 이내
	  (거치기간 2년 포함)
	• 대출금리: 변동금리
	  (매분기 초 공고)		

성공불융자 (생활혁신형 창업사업 연계자금)	생활 속 혁신적 아이템 보유한 소상공인 지원자금 • 지원대상: 생활혁신형창업지원 사업에 선정된 소상공인 • 대출한도: 2천만 원 • 대출기간: 5년 이내 (거치기간 3년 포함) • 대출금리: 고정금리(2.5%)		

지원정책	지원내용	지원절차 등	문의처
성장촉진 자금	장수 소상인의 재성장 및 재도약 자금 지원 • 지원대상: 사업자등록증 기준 경력 3년 이상 소상공인 • 대출한도: 1억 원 • 대출기간: 5년 이내 (거치기간 2년 포함) • 대출금리: 변동금리 (매분기 초 공고)	• 공지: 소상공인시장진흥공단 홈페이지 www.semas.or.kr • 신청접수: 전국 소상공인 지원센터(60개) 방문접수	• 중소기업통합 콜센터 1357
소공인특화 자금	숙련기술 기반의 소공인이 필요로 하는 장비도입, 경영안정 등에 필요한 자금 지원 • 지원대상: 제조업을 영위하는 상시 근로자 수 10인 미만 소공인 • 대출한도: 5억 원 • 대출기간: 5년 이내 (거치기간 2년 포함) • 대출금리: 변동금리 (매분기 초 공고)		

□ 창업진흥원·중소벤처기업진흥공단[창업 정책자금]

지원정책	지원내용	지원절차 등	문의처
예비창업 패키지	혁신적인 기술창업 아이디어를 보유한 청년창업자 자금지원 • 지원대상: 만39세 이하 예비 창업자 • 지원한도: 최대 1억 원 ※ 사업화자금(바우처) 지급	• 신청방법: k-startup 홈페이지 (www.k-start up.go.kr) • 제출서류: 사업계획서, 가점증빙서류 등	• 중소벤처기업부 지식서비스창업과 042-481-3960 • 창업진흥원 042-480-4489

지원정책	지원내용	지원절차 등	문의처
창업기업지원 자금	창업초기 기업의 생산설비, 기업활동 자금지원 • 지원대상:「중소기업창업지원법」규정에 의한 7년 미만 중소기업 및 창업을 준비 중인 자 • 대출한도: 운전자금 5억 원 • 대출기간 ◦시설자금 10년(거치기간 4년 포함) ◦운전자금 5년(거치기간 2년 포함) • 대출금리: 중소기업 정책자금 기준금리(변동)에서 0.3%p 차감	• 중소벤처기업진흥공단 홈페이지 온라인 자가진단 → 사전상담 (방문상담) → 온라인 융자신청 • 중소벤처기업진흥공단홈페이지 www.komes. or.kr	• 중소기업통합 콜센터 1357
청년전용 창업자금	• 지원대상: 대표자 연령이 만 39세 이하이면서 창업 3년 미만의 중소기업 또는 예비창업자 • 대출한도: 1억 원 • 대출기간: 시설·운전 6년 (거치기간 3년 포함) • 대출금리: 고정금리(2.0%)		

□ 고용노동부·근로복지공단[인건비 등 지원]

지원정책	지원내용	지원절차 등	문의처
일자리 안정자금	최저임금 인상에 따른 사업주의 부담완화 자금 • 지원대상: 30인 미만 고용 사업주 • 지원요건: 월 평균보수 210만 원 이하 노동자 고용 • 지원금액: 노동자 1인당 13만~15만 원	• 접수처 ◦ (오프라인) 관할 근로복지공단, 건강보험공단, 국민연금공단 및 고용센터 ◦ (온라인) 일자리 안정자금 홈페이지(www. jobfunds.or. kr)에서 신청 사이트 링크	• 고용노동부 고객상담센터 1350 • 근로복지공단 상담전화 1588-0075

지원정책	지원내용	지원절차 등	문의처
		• 신청접수 → 요건심사 (근로복지공단) → 지급 결정	
청년 추가고용 장려금	중소기업 성장과 양질의 청년 일자리 창출 지원 • 지원대상: 5인 이상 기업 사업주 ※ 성장유망업종 등은 5인 미만 기업도 지원 • 지원요건: 청년(15~34세) 정규직 신규 채용 및 전체 근로자수 증가 시 지원 • 지원수준: 1인당 월 75만 원 • 지원기간: 3년	• 청년 고용 후 6개월 이내 구비 서류를 관할 고용센터 제출 • 고용보험시스템 온라인 신청 www.ei.go.kr	• 고용노동부 고객상담센터 1350

□ 근로복지공단·국민연금공단·소상공인진흥공단 [인건비 등 지원]

지원정책	지원내용	지원절차 등	문의처
두루누리 사회보험료 지원	소규모 사업장 사업주와 소속 근로자의 사회보험료 부담 완화 • 지원대상: 근로자수 10인 미만 사업장에 고용된 월평균보수 210만 원 미만 근로자 및 사업주 • 지원수준: 고용보험/국민연금 일부 금액 ◦ (신규 가입) 5인 미만 90%, 5인 이상 80% ◦ (기가입자) 10인 미만 40%	• 전자신고: 4대사회보험 정보연계센터 홈페이지 www.4insure. or.kr • 서면신고: 신청서류 작성, 관할 근로복지 공단 또는 국민 연금공단 지사 방문·우편·팩스 제출	• 근로복지공단 1588-0075 • 국민연금공단 1355

지원정책	지원내용	지원절차 등	문의처
1인 자영업자 고용보험료 지원	1인 자영업자가 고용보험 임의가입 시 보험료 지원 • 지원대상: 1인 소상공인 중 기준 보수 1~4등급인 자 • 지원수준: 납부보험료의 30~50% 3년간 지원	• 소상공인시장 진흥공단 홈페이지 www. semas. or. kr, 팩스(042-367-7706) 또는 소상공인 지원센터 방문 신청	• 중소기업통합 콜센터 1357

□ 한국사회적기업진흥원[사회적기업 관련 지원 등]

지원정책	지원내용	지원절차 등	문의처
사회적기업 지원	사회적 가치를 실현하는 (예비) 사회적기업의 육성 및 경영역량 향상 지원 ※ 매년 변동될 수 있으니 홈페이지 참조 필요 • 맞춤형 경영컨설팅 제공: 표준형은 300만~1,000만 원 내외, 자율형은 지원한도 없음 ※ 예비사회적기업은 표준형, 자율형 모두 연 1,000만 원 이내 지원 • 판로지원: 상품 경쟁력 제고 및 다양하고 지속적인 판로확보 지원 • 창업육성: 창업 자금 지원 등 (최소 1,000만 원~최대 5,000만 원) ※ (예비) 사회적기업에 대한 인건비 지원 사업은 각 자치단체별로 모집·선정	• 신청절차 안내: 한국사회적기업 진흥원 홈페이지 www. social enterprise. or. kr	• 상담전화 031-697-7700

□ 국세청 [소상공인 세제 혜택]

지원정책	지원내용	출처
세무조사 유예	소규모 자영업자, 소기업, 소상공인 법인의 경우 세무조사 대상에서 제외 및 유예 • 적용대상: 소규모 자영업자, 소상공인 법인 569만 명 등 ※ 2019년 말까지 한시적 적용	「자영업자·소상공인 세무 부담 축소 및 세정지원 대책 추진」
신용카드 매출 세액공제	신용카드매출전표 등 발급 시 세액공제 한도 상향(연간 5백만 원 → 1천만 원) • 적용대상: 영수증 발급대상 개인 일반과세자 (직전연도 공급가액의 합계가 10억 원 초과 시 제외) 및 간이과세자 ※ 2019년 이후 신고 분부터 적용, 2021년까지 한시적 적용	부가가치세법 제46조 제1항 (2018. 12. 31. 개정)
간이과세자 부가가치세 면제	간이과세자의 부가가치세 면제 금액 상향: 연 공급대가 2천4백만 원 미만 → 3천만 원 미만 ※ 2019년 이후 신고 분부터 적용	부가가치세법 제69조 제1항 (2018. 12. 31. 개정)

□ 금융위원회 [신용카드 수수료 인하]

지원정책	지원내용	출처
신용카드 수수료 인하	자영업자·소상공인의 카드 수수료 비용 부담 완화 가맹점 신용카드 수수료 인하 • 연 매출 5억~10억 원 사이: 2.05% → 1.4% • 연 매출 10억~30억 원 사이: 2.21% → 1.6%	「카드수수료 종합개편방안」

2) 지방자치단체 정책자금

□ 서울특별시

지원정책	지원내용	지원절차 등	문의처
서울시 중소기업 육성자금	• 지원대상: 서울 소재 중소기업, 소상공인 • 대출종류 ◦중소기업육성기금 (시설자금, 경영안정자금) ◦시중은행협력자금 (일반자금, 특별자금) • 대출금리 ◦중소기업육성기금: 1.5~2.5% ◦시중은행협력자금: 시중금리에서 일반 1.0~1.5%, 특별 2.0~2.5% 이차보전	• 신청접수: 서울신용보증재단 지점 방문 www.seoulshinbo. co.kr	• 서울신용보증재단 1577-6119

□ 부산광역시

지원정책	지원내용	지원절차 등	문의처
소상공인 특별자금	• 지원대상: 부산지역 내 소상공인 • 지원한도: 7천만 원 • 대출금리: 변동금리 (3.73% 수준)	• 부산신용보증재단, 부산은행 방문 신청 • 부산신용보증재단 홈페이지 www.busansinbo. or.kr	• 부산신용보증재단 051-860-6600

□ 경기도

지원정책	지원내용	지원절차 등	문의처
경기 소상공인 지원자금	• 지원대상: 경기도 내 소상공인으로 인정교육 이수 등 요건 충족자 • 대출한도: 1.5억 원 이내 • 대출기간: 4년 • 대출금리: 은행금리에서 1.7~2.0% 이차보전	• 신청접수: 경기도 중소기업 육성자금시스템 G머니 홈페이지 g-money.gg.go.kr • 경기신용보증재단 홈페이지 www.gcgf.or.kr	• 경기신용보증재단 1577-5900

□ 인천광역시

지원정책	지원내용	지원절차 등	문의처
소상공인 시장진흥자금	• 지원대상: 관내 도소매업 소상공인 • 지원한도: 3천만 원 • 대출금리: 1.88%(변동) • 대출기간: 4년	• 인천신용보증재단 지점 방문 접수 • 인천신용보증재단 홈페이지 www.icsinbo.or.kr	• 인천광역시 소상공인정책과 032-440-4228

□ 대구광역시

지원정책	지원내용	지원절차 등	문의처
중소기업 경영안정자금	• 지원대상: 대구 소재 중소기업 및 소상공인 • 대출한도: 7천만 원 • 대출금리 ◦직접융자: 2.1~2.6% ◦시중은행 협력자금에서 1.3~2.2% 이차보전	• 신청접수: 소상공인심사 및 소액심사 후 지원 • 대구신용보증재단 홈페이지 www.ttg.co.kr	• 대구신용보증재단 사업전략부 053-560-6324

□ 광주광역시

지원정책	지원내용	지원절차 등	문의처
중소유통업 구조개선자금	• 지원대상: 광주 소재 도·소매업, 상품중개업 사업체 • 대출한도: 5억 원 (시설 3억 원, 운전 2억 원) • 대출기간: 시설 8년, 운전 3년 • 대출금리: 변동	• 신청접수: 광주광역시경제고용 진흥원 • 광주광역시 홈페이지 www.gwangju.go.kr	• 광주광역시 경제고용진흥원 062-960-2627

□ 대전광역시

지원정책	지원내용	지원절차 등	문의처
소상공인 경영개선자금	• 지원대상: 대전시 소상공인 • 대출한도: 6천만 원 • 대출금리: 은행금리에서 2~3% 이차보전	• 신청접수: 대전신용보증재단 방문 신청, 시 소재 14개 금융기관에서 대출 • 대전신용보증재단 홈페이지 sinbo.or.kr: 4447	• 대전신용보증재단 042-380-3800

□ 울산광역시

지원정책	지원내용	지원절차 등	문의처
소상공인 경영안정자금	• 지원대상: 울산 소재 소상공인(개인, 법인 사업자) • 대출한도: 5천만 원 • 대출금리: 협약은행 금리 에서 2.5% 이내 이차보전 ※ 2~4년간 지원	• 신청접수: 울산신용보증재단 홈페이지 온라인 신청 www.ulsanshinbo.co.kr	• 울산신용보증재단 052-289-2300

자영업자 · 창업자에 대한 정부지원제도

3) 지자체별 사회보험료 지원

□ 영세 소상공인 사회보험료 지원

구분	지원대상	사업주 부담			예산
		정부 지원	지자체 지원	실 부담분	
강원	• 두루누리 지원사업장	고용 40~90% 국민 40~90% 건강 30~60%	**정부지원금 제외 4대보험료 전액**	없음	342억 원
충남	• 두루누리 지원사업장		**정부지원금 제외 4대보험료 전액**	없음	313억 원
제주	• 두루누리 지원사업장 • 2019년 신규채용 　근로자		• **정부지원금 제외금 x 80%** • 1인당 월 6만원 한도 • 최대 3년	산재 20% 건강 8~10% 고용 2~12% 국민 2~12%	10억 원

□ 1인 자영업자 사회보험료 지원

구분	지원대상	사업주 부담			예산
		정부 지원	지자체 지원	실 부담분	
강원	• 국민연금 지역가입자 ※ 기준소득월액 210만 원 미만, 　과세표준액 2억 원 미만, 　연 사업소득 600만 원 미만 • 고용·산재보험 임의가입자	고용 30~50%	• 국민 50% • 고용 40~70% • 산재 50%	• 국민 50% • 고용 10~20% • 산재 50%	2019년 8월 신규사업
서울	• 고용보험 임의가입자	고용 30~50%	• 고용 30% • 3년간 지원	고용 20~40%	4.5억 원
경남	• 고용보험 임의가입자		• 고용 50~30% • 2년간 지원	고용 20%	1.6억 원
대전	• 고용보험 임의가입자 ※ 연매출 3억 원 이하, 　2019년 신규가입		• 고용 30% • 1년간 지원	고용 20~40%	

※ 1인 자영업자 고용보험료 지원액 비교

기준보수등급		1등급	2등급	3등급	4등급	5등급	6등급	7등급
월 보수액		1,820,000원	2,080,000원	2,340,000원	2,600,000원	2,860,000원	3,120,000원	3,380,000원
월 고용보험료		40,950원	46,800원	52,650원	58,500원	64,350원	70,200원	76,050원
정부 지원액		20,475원	20,475원	15,795원	15,795원	미지원		
		50%		30%				
지자체	강원 (2019년 1~9월)	16,380원 (40%)	18,720원 (40%)	26,325원 (50%)	29,250원 (50%)	45,045원 (70%)	42,120원 (60%)	38,025원 (50%)
	(실 부담액)	4,095원	7,605원	10,530원	13,455원	19,305원	28,080원	38,025원
	서울(3년)	12,285원 (30%)	14,040원 (30%)	15,795원 (30%)	17,550원 (30%)	19,305원 (30%)	21,060원 (30%)	22,815원 (30%)
	(실 부담액)	8,190원	12,285원	21,060원	25,155원	45,045원	49,140원	53,235원
	대전(1년)	12,285원 (30%)	14,040원 (30%)	15,795원 (30%)	17,550원 (30%)	19,305원 (30%)	21,060원 (30%)	22,815원 (30%)
	(실 부담액)	8,190원	12,285원	21,060원	25,155원	45,045원	49,140원	53,235원
	경남(2년)	12,285원 (30%)	14,040원 (30%)	26,325원 (50%)	29,250원 (50%)	32,175원 (50%)	35,100원 (50%)	38,025원 (50%)
	(실 부담액)	8,190원	12,285원	10,530원	13,455원	32,175원	35,100원	38,025원

한국경제와 함께하는 한국공인회계사회

회계와 회계투명성은 왜 중요한가?

독일의 사상가 막스 베버Max Weber가 말했듯이 "회계는 자본주의 성장에 필요한 문화 요소의 하나"이며, 나아가 미국의 경제학자 조지프 슘페터Joseph Schumpeter의 정의처럼 "회계는 자본주의의 핵심"이다. 저명한 역사학자이자 회계학자이기도 한 미국의 제이콥 솔Jacob Soll은 자신의 저서 『회계는 어떻게 역사를 지배해왔는가』에서 회계는 15세기 피렌체의 메디치 시대에서부터 최근의 국제금융위기에 이르기까지 수많은 국가의 흥망성쇠를 좌우해왔음을 강조하고 있다.

4차 산업혁명 시대를 맞아 사회의 모든 분야가 보다 투명하게 운영되어야 한다는 이슈가 전 세계에 걸쳐 뜨겁게 달아오르고 있다. 회계 분야에서도 마찬가지로 근래 들어 언론을 통해 회계투명성에 관한 논의가 급증하고 있다. 1990년대 말에 발생했던 IMF 금융위기 이후 대규모 기업의 회계 문제가 다수 발생했고, 이에 따라 일반인들 역시 회계투명성에 부쩍 많은 관심을 갖게 되었다. 이는 우리나라의 회계투명성 순위가 세계 최하위라는 사실을 국민 대다수가 아는 계기가 되기도 했다.

그렇다면 "거시경제 관점에서 회계투명성이 왜 그토록 중요한가?"라는 질문을 던져볼 수 있다. 간단히 답하자면, "회계투명성 확보는 지속 가능한 경제성장을 달성하기 위한 핵심 요소"라고 할 수 있다. 1장 '회계 역사로부터 본 복식부기'에서 살펴본 바와 같이 회계 자료는 거시경제 통계 작성에 필수적인 기초 데이터를 제공한다. 또한 구조조정의 필요성과 타이밍을 포착할 수 있는 조기 경보 기능을 수행하고, 자원 배분을 합리적으로 이루어지게 하는 순기능을 가지고 있는 것이다.

융합 서비스를 제공하는 공인회계사

일반인들은 공인회계사Certified Public Accountant와 세무사를 혼동하기도 하며, 두 자격사가 제공하는 서비스가 유사한 것이라는 오해를 갖고 있기도 하다.

그러나 공인회계사는 「공인회계사법」에 따른 회계에 관한 감사·감정·증명·계산·정리·입안 또는 법인 설립에 관한 '회계'와 '세무 대리' 업무를 전문적으로 수행할 수 있는 법적 자격을 갖춘 유일한 전문가로서 무척 폭넓은 서비스를 제공하고 있다.

공인회계사는 '회계 감사'를 통해 회사의 재무제표가 회계 기준 및 원칙에 따라 공정하고 타당하게 작성되었음을 증명함으로써 회사 재무제표에 대한 신뢰성을 부여한다.

또한 공인회계사는 '세무 대리'를 통해 법인세 신고 대리, 세무 조정, 이전 가격 등 기업의 법인세 관련 업무뿐만 아니라 개인 사업자의 세무 신고, 세

회계 감사·증명	세무 서비스	경영 자문
• 법정 감사 –「주식회사 등의 외부감사에 관한 법률」 등에 의한 회계 감사 –「공공기관의 운영에 관한 법률」에 의한 공공기관에 대한 감사 업무 –「사립학교법」에 의한 대학교육기관을 설치·경영하는 학교법인에 대한 감사 업무 –「농업협동조합법」에 의한 농협중앙회, 지역농협, 지역축협 및 품목조합에 대한 감사 업무 –「상속세 및 증여세법」 및 「공익법인의 설립·운영에 관한 법률」에 따른 공익법인에 대한 감사 업무 · · · • 특수 목적 감사 금융기관, 법원, 주주 등 이해관계인의 요청에 의한 감사 • 기업 진단 업무 건설업, 전기공사업 등 면허 취득을 위한 진단 업무 • IPO(코스피 및 코스닥 상장) 지원 • 기타 회계 서비스 법원 등의 요청에 의한 감정 업무/ 기장 대행 업무 및 각종 재무 분석 업무	• 세무조정 업무 • 법인과 개인 사업자의 각종 세무신고 대리 업무 • 조세 문제 해결 이의신청, 심사 및 심판청구 대행 등 • 세무 계획 수립 • 국제 조세 관련 업무 국내 기업의 해외 진출과 외국 기업의 국내 투자와 관련한 세무 자문 등	• 장단기 경영전략 수립 • 경영 혁신과 기업 구조조정 컨설팅 • 정보 시스템 구축 등 전산 관련 IT 용역 업무 • 사업 타당성 분석 시장 분석 및 예측/ 기업 인수 및 합병 대상의 선정 및 평가 등 • M&A 등 기타 자문 업무 기업 인수 및 합병을 위한 가치 평가 업무/ 내부 통제 시스템의 평가 및 개선/ 경영 실적 평가제도 입안 등

무 자문 등 세무 서비스를 제공한다.

이와 아울러 기업의 건전한 발전에 기여하는 경영 컨설팅, 가치 평가 업무 뿐 아니라 4차 산업혁명 추세에 부응하는 IT 기술과 융합된 전산 감사, 포렌직Forensic(법의학 용어로 범죄에 대한 증거를 확정하기 위한 과학적 수사를 뜻한다) 서비스 등 전문 기술적인 부분에까지 서비스 영역을 넓히고 있다.

70여 년 역사의 국내 최고 회계·세무 전문가 단체: 한국공인회계사회

한국공인회계사회는 1954년 창립된 국내 최고의 회계·세무 전문가 단체로서 국민 경제 발전과 함께 성장해왔다. 2019년 11월 현재 21,500여 명의 공인회계사가 회계·감사·조세·경영 자문·M&A 등 다양한 분야에서 전문가적 역량을 펼칠 수 있도록 적극적으로 지원하고 있다. 특히, 제44대(2016년~2019년 11월 현재) 한국공인회계사회 최중경 회장은 '회계가 바로 서야 경제가 바로 선다'는 캐치프레이즈 아래 「감사인 주기적 지정제」, 「표준 감사시간」 도입 등을 핵심 내용으로 하는 외부감사법 전부개정과 국세청의 세무조사 대상 선정요건에 회계성실도를 추가하는 국세기본법 개정, 비영리 공익법인에 대한 감사인 지정제 등 감사공영제를 도입하는 회계제도 개혁을 주도하고 있다. 한국공인회계사회는 경제 전반의 회계투명성을 향상시키는 역사적 소임을 달성하기 위해 최고 수준의 전문가적 역량과 윤리를 갖추어 기업을 비롯한 민간 부문은 물론 공공 부문의 투명성을 제고하는 데 기여하고, 이를 통해 우리 경제가 지속적인 발전을 이루어나갈 수 있도록 노력히고 있다.

21,500여 명의 공인회계사 중에서는 회계법인과 감사반 등 소속으로 앞서 언급한 서비스를 전문적으로 제공하는 14,000여 명의 공인회계사뿐 아니라 민간 기업, 정부·공공기관, 대학교 등 사회 곳곳에서 경제 발전을 위해 일하고 있는 7,500여 명의 공인회계사가 산업·경제의 모든 영역으로 전문성을 확대해나가고 있다.

활발한 사회 공헌 활동에 앞장서는 공인회계사

　　이러한 회계제도 개혁의 성공과 국민의 신뢰 확보를 위해 공인회계사의 종합적이고 구체적인 행동 기준인 '행동강령'을 2019년 4월부터 시행하고 있

으며, 사회 공헌 활동에도 적극적으로 나서고 있다.

사회 공헌 활동 중에 우선 손꼽을 만한 것은 공인회계사가 보유한 지식을 집단 자산화하고 산업 전문가이자 경제 전문가로서의 위상을 제고하고자 2018년 하반기부터 발간하고 있는 산업·경제 전망을 담은 ≪CPA BSI≫이다.

또한 서양보다 200년 앞서 복식부기를 사용한 우리 조상의 위대한 회계 역사를 소개한 『세계가 놀란 개성회계의 비밀 - 개성상인이 발명한 세계 최초 복식부기 이야기』(2018년 11월)와 남북경제협력 시대를 준비하기 위하여 '회계' 부문에서 협력이 동반되어야 한다는 취지를 담은 『남북경제협력 - 회계 통일이 우선이다』(2019년 5월)를 출간했다. 이 외에 활발한 사회 공헌 활동 중 대표적인 사례는 자라나는 미래 세대의 회계 문화 창달을 위해 초등학교 학생을 대상으로 '어린이 회계캠프'를 2018년에 처음 운영한 데 이어 2019년 8월에는 전국 9개 지역으로 확대한 바 있다.

언제나 국민과 가장 가까운 곳에 있는 공인회계사

일반 국민, 그리고 기업을 창업하려는 창업 희망자와 소상공인들은 앞서 언급한 공인회계사의 서비스를 가장 가까운 곳에서 편리하게 접할 수 있다. 180여 개의 회계법인, 1,500여 곳의 감사반, 그리고 지역 밀착형 서비스를 제공하는 전국의 공인회계사 사무소는 이용자에게 제일 편리한 방법으로 해당 서비스를 제공하고 있다.

이와 더불어 한국공인회계사회는 전 국민에게 좀 더 가까이 다가가서 회계·세무 서비스를 제공하고자 지방 주요 5대 거점에 지방공인회계사회를 운영하고 있다.

구분	소재지	연락처
한국공인회계사회(서울)	서울시 서대문구 충정로 7길 12, 한국공인회계사회관	02-3149-0100
부산지방공인회계사회	부산광역시 부산진구 횡령대로 24, 부산상공회의소 3층	051-646-3737
대구지방공인회계사회	대구광역시 동구 동대구로 462, 양동빌딩 3층	053-755-8541
광주지방공인회계사회	광주광역시 서구 상무중앙로 42, 7층(오션Ⅱ빌딩)	062-361-4454
대전지방공인회계사회	대전광역시 서구 계룡로 314, 7층(대전일보)	043-260-4831
전북지방공인회계사회	전라북도 전주시 완산구 홍산중앙로 42, 5층(호암빌딩)	063-227-3744

이뿐만이 아니다. 삼일회계법인, 삼정회계법인, 안진회계법인 등 대형 회계법인에서는 '스타트업 서비스 조직'을 별도로 운영하고 있다. 여기서는 창업 등과 관련된 회계·세무·경영 자문의 모든 분야에서 '원 스톱 토털 서비스 One-stop Total Service'를 제공하고 있다.

참고문헌

곽상빈. 2018. 『재무제표 100문 100답』. 평단.

국세청. 2019a. 2019년 국세통계 조기공개.

_____. 2019b. 2019 상반기 신규사업자가 알아두면 유익한 세금정보.

_____. 2019c. 2019 세금절약가이드.

권순백. 2000. 「동서양 복식부기방법의 역사적 비교」. ≪경영교육논총≫, 제21집, 19~44쪽.

김민철. 2019a. 『사업하기 전에 회계부터 공부해라』. 지와수.

_____. 2019b. 『회계 용어 사전』. 지와수.

김수헌 · 이재홍. 2016. 『이것이 실전 회계다』. 어바웃어북.

삼일회계법인. 2018a. 삼일총서.

_____. 2018b. 『알기 쉬운 공익법인회계기준 매뉴얼』. KB국민은행 · 한국공인회계사회.

_____. 2019. 법인세 조정과 신고실무.

삼정회계법인. 2016. Setting up for Success: 초기 스타트업의 탄탄한 성장을 위한 실무 가이드.

솔, 제이컵(Jacob Soll). 2016. 『회계는 어떻게 역사를 지배해왔는가』. 메멘토.

오근형. 2018. 『CEO 회계로 무장하라』. CEO파트너스.

전성호. 2018. 『세계가 놀란 개성회계의 비밀』. 한국경제신문.

한국공인회계사회. 2019. 회계편람.

한국조세재정연구원. 2012. 한국세제사.

한국회계기준원 회계기준위원회. 2017a. 제1001호 재무제표 표시. 기업회계기준서.

_____. 2017b. 제1007호 현금흐름표. 기업회계기준서.

_____. 2017c. 제1016호 유형자산. 기업회계기준서.

_____. 2017d. 제7장 재고자산. 일반기업회계기준.

_____. 2017e. 제10장 유형자산. 일반기업회계기준.

황종대 · 백지은. 2019. 부가가치세 실무.

사업을 하십니까? - 회계부터 챙기세요

ⓒ 한국공인회계사회, 2019

기획 | 한국공인회계사회
집필 | 조한철(삼일회계법인 파트너), 공성덕(삼일회계법인 디렉터), 백인규(안진회계법인 파트너)
　　　김이동(삼정회계법인 전무), 박상원(삼정회계법인 이사), 박종성(숙명여자대학교 경영학부 교수)
　　　정주렴(서울시립대학교 경영대학 교수), 이정현(한국공인회계사회 본부장), 박성원(한국공인회계사회 연구원)
펴낸이 | 김종수
펴낸곳 | 한울엠플러스㈜
편집 | 배소영

초판 1쇄 발행 | 2019년 11월 20일
초판 4쇄 발행 | 2020년 3월 10일

주소 | 10881 경기도 파주시 광인사길 153 한울시소빌딩 3층
전화 | 031-955-0655
팩스 | 031-955-0656
홈페이지 | www.hanulmplus.kr
등록 | 제406-2015-000143호

Printed in Korea.
ISBN 978-89-460-6818-6 03320